H. Moser Verlag · Zürich · Berlin
Printed in Germany
ISBN 3-907024-01-X

Herbert Moser

ESOTERIK
KNALLHART

Das erregende Spiel
mit den vierzehn
erleuchtenden Schubladen

Weihnachten 1950

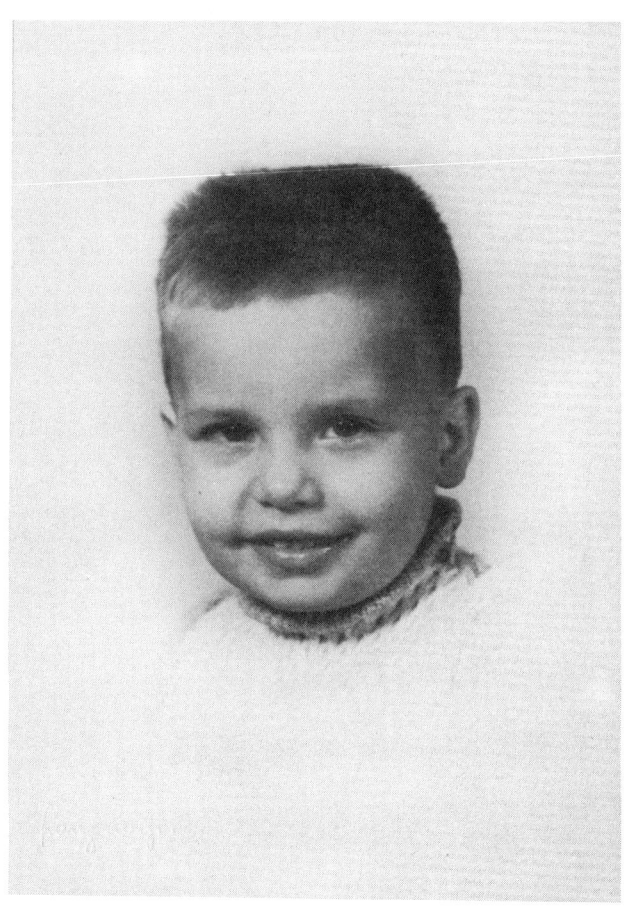

35 Jahre danach

Immer noch staune ich
was sich dabei abspielt
steht auch in diesem Buch

Inhaltsverzeichnis

Das Vorwort 11
Der Anfang 15

Die sieben ersten Schubladen
Die Einleitung 23
Kirche 25
Politik 31
Militär 35
Schulmedizin 39
Geld 45
Justiz 49
Erziehung 53
Der Rückblick 57

Die sieben letzten Schubladen
Die Einleitung 65
Drogen 71
Sexualität 75
Esoterik 85
Befreiung von Krankheit 93
Die Erleuchtung im Misthaufen 103
Der Weg zur Erleuchtung 119
Die Schublade der Mitte 133
Der Rückblick 141

Das letzte Spiel 143
Das Schlußwort 155

Das Vorwort

Na endlich!
Nun hast du es doch wahrhaftig noch geschafft, an mich ranzukommen. Du weilst hier im Buchladen, und die gesamte Weltliteratur steht stramm vor dir. Aber meine gestaffelten Kollegen von nebenan, beschmiert von den großen Schreiberlingen dieser Welt, lassen dich eiskalt; einzig und allein ich darf mich an deine warmen Hände schmiegen. Gerade meinetwegen bist du angetanzt. Gleich wirst du mich ergattern, dich ins Freie stürzen und mit mir, deinem kostbaren Fund, nach Hause eilen. Dort angelangt, wirst du nicht deine Hände waschen, nicht deinen Partner liebkosen, keine Mahlzeit einnehmen – nur mich, nichts anderes als mich wirst du verschlingen wollen.
Deine Augen sind glasig geworden. Dein Herz bebt wie kein Erdbeben je zuvor, und dein Kopf dröhnt wie das Triebwerk eines düsenden Jumbojets. Eine fast zu lange Zeit hast du nach diesem einmaligen Moment gedürstet, wo wir beide zusammensein dürfen.
Hurra – endlich ist es soweit!

Andererseits ist es nicht ausgeschlossen, daß du rein zufällig auf mich gestoßen bist. Nichts läuft bei dir zuhause, in den Kneipen geschieht gar nichts, und gleich wird es zu schneien beginnen. So lungerst du jetzt im Buchladen herum und bemühst dich, deinen düsteren Alltag mit Druckerschwärze aufzuhellen. Hellauf begeistert bist du hier nicht,

obwohl meine geistvollen Nachbarn einen mächtig gescheiten Eindruck auf dich machen.
Nun blätterst du noch in mir mit dem idiotischen Versuch, deinen Wissensdurst mit Buchweisheiten zu stillen. Doch sittsam und gebildet wie du bist, stellst du gleich einmal fest: Das, was du da in deinen gepflegten Pfoten hältst, ist Schundliteratur. Angewidert schmeißt du mich ins Regal zurück, und fassungslos fragst du dich, ob dieser Buchladen ein Sauladen sei. Die Lust am Lesen ist dir gründlich versaut worden, und du schwörst dir, hierherein dich nie mehr zu verirren. Verarscht willst du dich aus diesem Scheißladen verpissen, als du Zeuge wirst, wie ein Prachtexemplar von einem Bücherwurm strahlend hereinstolziert. Dieser steuert zielbewußt auf mich zu, hält inne und verbeugt sich vor mir. Kurz, aber angemessen. Tumultuarisch erheischt er mich und zwitschert vor Freude taumelnd von dannen. Sensationslüstern kehrst du zu mir zurück, und nochmals steckst du deine verstopfte Nase in meine allgegenwärtige Offenheit.

Wie willst du es nun gerne haben?
Möchtest du weiter abgeschreckt werden?
Von oben bis unten?
»Brünstige Scheißfotze, defloriere nicht meine jungfräuliche Hülle! Ausgelaugter Drecksack, schütte dich nicht voll mit meinen zarten Blättern!«
Damit wir uns auch richtig verstanden haben: Das galt vornehmlich für *dich!*
Oder möchtest du lieber verführt werden?
»Glücklicher Finder, die Heilige Schrift bin ICH! GOTTES Hand hat sie geschrieben – ICH allein kann dir den Weg ins Himmelreich weisen!«
Wie du siehst, schrecke ich ab und ziehe zugleich an.
Und hörst du, wie ich seit Beginn über uns beide lache?

Verachtest du mich, so habe ich Wohlgefallen.
Hochachtest du mich, so ist mir das scheißegal.
Beachtest du mich aber, dann werden wir gemeinsam staunen.

Berlin, Weihnachten 1985   Herbert Moser

Der Anfang

Weder deckst du dich jetzt am Kurfürstendamm ein, noch spendest du jetzt für die Hungerhilfe in Afrika. Weder stolzierst du auf dem Broadway, noch schreitest du auf dem Roten Platz. Weder sammelst du dich im Zenkloster, noch zerstreust du dich im Karneval. Weder surfst du auf Hawaii, noch fährst du Ski in den Alpen. Weder tafelst du in der »Kronenhalle«, noch schnabulierst du in der »Roten Fabrik«. Weder besäufst du dich in der »Kempinski-Bar«, noch genehmigst du dir einen Drink im »Dschungel«. Weder schmetterst du jetzt die Nationalhymne »Trittst im Morgenrot daher«, noch faltest du jetzt die Hände in der Gedächtniskirche. Und augenblicklich gehorchst du ebensowenig deinem Guru.
Was treibst du eigentlich?

Allein hier bist du – und begibst dich mit »ESOTERIK KNALLHART« auf die Reise. Ich begleite dich. Hand in Hand werden wir alle Gesetze aufheben und uns den Weg ins Hier und Jetzt freischaufeln. Im Hier und Jetzt sind wir zeitlos. Sogleich wärmt uns das Licht des Paradieses. Heimweh nach dem Paradies verspürst du immer. Das ist deine ursprüngliche Sehnsucht. Vorerst wird diese Sehnsucht nach dem ewigen Licht von der Lust becirct, und danach werden wir diesen Zug der Zeit ohne Pardon anhalten. »ESOTERIK KNALLHART« verführt dich zum Aushauchen deiner zeitlichen Sehnsucht, die dich in die

Knechtschaft ihrer Leidenschaften zwingt. Bald gehen diese Zeiten vorüber. Also erlöse dich vom Fernweh nach dem Paradies, indem du zu dir selbst heimkehrst. Nun feierst du im Hier und Jetzt mit ausschweifender Lust das ewige Fest der Liebe.
Lust ist rück-sichts-los; sie kennt keine Grenzen. Alles verzaubert sie zum ewigen Leben. Sei ebenso lustvoll und rücksichtslos mit dir selbst. Verwandle deine zeitliche Sehnsucht in zeitlose Verzückung. Sofort ist das alleinige Ziel verwirklicht: Die Sehnsucht von damals hast du verschmerzt, und du erfreust dich jetzt am irdischen Paradies.

Ist Sehnsucht nicht fortweg vergänglich?
Liebst du einen Partner, wenn es dich nach Erotik gelüstet, um deine Sehnsucht nach Vereinigung zu stillen?
Verfahre mit deiner allgegenwärtigen Sehnsucht nach dem Paradies ebenso, indem du ins Hier und Jetzt eintrittst. Ringsum kannst du dich von der Ewigkeit verführen lassen. Im Gegensatz dazu liegt ein verlockender Liebespartner nicht immer am laufenden Band für dich bereit.

Ein vergängliches Mosaik ist unser Leben. Dieses Lebensmosaik ist unermeßlich vielfältig, ausgeschmückt mit unzähligen, farbigen Mosaiksteinchen. In deinem Leben hat jedes dieser Steinchen seine Bedeutung und damit seine Existenzberechtigung. Doch oft scheint es dir, als würden dir unnötige Steine in den Weg gelegt werden.
Ruhe in der Mitte, im Sein aller Dinge, und du wirst gewahr, wie alles zu dir paßt. Im Hier und Jetzt gehst du mit jeder einzelnen Lebensäußerung, die für das *ganze* Mosaik steht, einig. Kein Steinchen ist besser oder schlechter als irgendein anderes. Entsprechend deinem Karma und deinem Lustprinzip wirst du gewisse Mosaiksteinchen vorziehen und andere vernachlässigen, und doch figurierst du in jeder Lage als das ganze Lebensmosaik.

Dein Leben kannst du auch mit einem großen Schrank vergleichen, um seine Geheimnisse zu enträtseln. Dieser Schrank ist mit vielen Schubladen ausgestattet, in denen dein Dasein schubladisiert und vereint ist. Ein Durcheinander von Etiketten ist hier zu entdecken: Durchschnittsbürger, Esoteriker, Erleuchteter, Mann, Weib, Punk, Manager, Fixer, Bürofräulein, Straßenfeger, Politiker, Inzest, Diebstahl, Terrorismus, Hingabe, Eifersucht, Haß, Liebe, Jubel, Unglück, Schulmedizin, Naturheilverfahren, Atheismus, Religion, Wiedergeburt, Erotik, Askese. Solche Namen bezeichnen Schubladen in deinem Leben. Deinem Bewußtseinszustand entsprechend bemühst du dich, bestimmte Schubladen zu öffnen oder zu verschließen.
Gewisse Schubladen entziehen sich immer wieder deiner Kontrolle. Einfach von selbst brechen sie auf. In aller Regel sind dies Schubladen, die du aufs Ärgste verneinst: Lustlosigkeit, Armut, Krankheit, Einsamkeit, Tod. Andere Schubladen wiederum, auf die du dich gierig stürzt, klemmen oder lassen sich überhaupt nicht bewegen: Schamlosigkeit, Reichtum, Gesundheit, ewiges Leben. Mitunter tauchen gewaltig heimtückische Schubladen auf, von denen du glaubst, sie seien verboten. Klar, diese Schubladen sind nicht unantastbar. Ein Tabu gilt lediglich für dich. Was für dich gesetzeswidrig ist, kann für einen anderen Menschen richtig gesetzt, also gesetzlich sein – und umgekehrt.
Dieses Schubladenspiel ist für viele ein undurchschaubares Desaster, weil sie sich die wenigsten Schubladen zu be-gutachten trauen. Nicht bereit sind sie, ihr Leben in allen (Schein-)welten zu spiegeln. Die wenigen, die alle Schubladen von der ersten bis zur letzten geöffnet, ihren Inhalt ausgekostet und verdaut haben, entlarven ihr Leben als ein harmonisches Chaos der Illusionen.

Entrümpeln wir jetzt unseren Schrank des Lebens! Lustvoll und amüsiert schreite ich voran – und du kommst mit.

Klebst du allerdings an einer schmutzigen Phantasie, wirst du mich eiligst als einen Dreckspatz beschimpfen. Warum deckst du deinen eigenen Dreck nicht auf? Willst du am Schwein in dir keinen Gefallen finden? Niemand wird jetzt verschont bleiben – *die Liebe ist schonungslos*. Liebe ist unbeschränkte Ausdehnung; ihr Licht schimmert durch alle Ritzen. Ihr Gegenteil ist Beschränkung, und das ist heuchlerische Schonung. Ab sofort verabscheue Moral, Ethik und Schamgefühl; sie sind die Wegbereiter der Frustration und des Hasses.

Bist du jetzt der Liebe zugetan und bereit, alle deine Hindernisse auf dem Weg zu ihr auszuräumen?

Die

sieben

ersten

Schubladen

Die Einleitung

Zunächst rütteln und ziehen wir an sieben Schubladen. Sollte dein Schrank dabei umfallen – macht gar nichts. Besorge dir einen neuen Schrank, dessen Schubladen sich reibungsloser bewegen lassen. Unsere auserkorenen Schubladen repräsentieren die sieben bestorganisierten Verbrechen dieser Welt: Kirche, Politik, Militär, Schulmedizin, Geld, Justiz und Erziehung. Nun müssen wir uns vorsehen, weil die Erdpiraten, die sich in diesen Schubladen tummeln, alle dasselbe tödliche Ziel anvisieren: die Aufrechterhaltung dieser Gesellschaft – koste es, was es wolle. Doch ihr Schrank ist morsch geworden, allseits ist er von Würmern durchbohrt. Wir werden diese Würmer aus dem Holz herausklopfen, sie an der Lebensrute aufknüpfen, und nachher gehen wir mit ihnen die Weisheit angeln.
Ohne Gnade schütteln wir das System; alles soll aus den Fugen krachen. Wir kitzeln unsere haarsträubende Gesellschaft nicht nur ein wenig am Pelz, sondern wir reißen ihr alle krebswuchernden Eingeweide aus ihrem machtgeschwängerten Leibe. Ein jeder soll sehen, was für ein Siechenhaus sie ist.

Das oberste Ziel bleibt dabei stets: *deine Selbsterkenntnis*. Hierfür mußt du deinen Leib, dein Denken, dein Fühlen, dein Handeln und eben auch unsere Gesellschaft ergründen und selbstkritisch infragestellen. Die Gesellschaft wie dein Leib gehören zu deiner Person. Also reiße dich nicht

von der Gesellschaft los, du würdest einen Teil deiner Persönlichkeit verlieren.
Des ganzen Egos (der Persönlichkeit) ver-lustig zu gehen ist in jedem Fall lustig und richtig. Vorerst aber mußt du wissen, wer du bist und was alles zu dir gehört. Sicher kannst du dich durch Hirngespinste in eine heile Welt einspinnen und dich so scheinbar von der Gesellschaft absondern.
Wer den Gestank seiner eigenen Fäulnis nicht riecht, bleibt im Mist stecken!
Wähle, wie umfassend dein Ego sein soll. Einmal wirst du es springen lassen wollen.
Möchtest du dann ein wenig oder alles laufen lassen?
Und was geschieht allenfalls mit dem Rest?

Unsere geplagte Erde zittert und schluchzt. Ein letztes Mal schreckt sie vor ihren Peinigern zurück. Sie braucht uns! Lassen wir unseren philosophischen Wortschwall verhallen und stehen ihr bei. Kratzen wir nun die sieben stinkenden Schubladen unserer Gesellschaft aus, damit auch du den faulenden Teil deiner Persönlichkeit ausmisten kannst.

Kirche

Zweitausend Jahre danach
und nichts hat sich bei euch gebessert.
Wie viele Male dürfen WIR noch vorbeikommen?

Bevor wir unsere gottverfluchten Kirchen als Wegweiser in die Verdammnis entlarven, horchen wir in uns hinein.
Was ist Religion?
Spring zu deinem Ursprung!
Spring zurück zu unserem Ursprung!
Magst du nicht zurückspringen: Spring vorwärts zum Ursprung!
»Wie springe ich zum Ursprung, zur Einheit, zur Mitte, zum Sein, also dorthin, wo Gott ruht?«
Vergeude keine Zeit mehr mit Fragen!
Springe irgendwohin, und schon wirst du vom Hier und Jetzt empfangen. Im Ursprung erfährst du, was es damit auf sich hat, im Hier und Jetzt zu schwelgen. Der Ursprung allen Seins offenbart sich dir alleinig im Hier und Jetzt. Hier und Jetzt: Wo alles anfängt und alles aufhört, wo das Ende der Anfang und der Anfang das Ende ist, wo der Greis zum Kind und das Kind zum Greis wird, wo das Gute und das Böse sich im Tango wiegen. Einfach im Hier und Jetzt, wo alles miteinander und gegeneinander immer eins und gleich = gültig ist – *aber nicht gleichgültig*. In der Mitte sein, das ist der Sinn jeder Religion. In der Mitte des Seins, im Ursprung, sind alle Schubladen aufgesprungen.

> Jeder Mosaikstein
> ist jetzt fein
> und rein
> ganz ohne Pein

Im Hier und Jetzt setzt du dich über alle menschlichen Gesetze hinweg. Werde gesetzlos! Dazu nimm einen Würfel und bezeichne ihn mit verschiedenen Lebensrollen: der Heilige, der Sünder, das Weib, der Mann, das Kind, der Narr. Würfle einmal und dann immer wieder. Nach jedem Wurf verwirkliche deine gewünschte Lebensrolle. Eines Tages werden alle Rollen zu einem Leben verschmelzen. Ob Heiliger, Sünder, Weib, Mann, Kind oder Narr, deine Verwirklichung bleibt ohne Ausnahme immer dieselbe. Das ist Re-ligio, zurück und vorwärts zum Ursprung – zur Mitte.
Beschäftigen dich noch Fragen?
Erlebe Jetzt und Hier im Hier und Jetzt, und du wirst über alle Antworten lächeln und weiter fragen.

Was wäre das Hier und Jetzt ohne Sex?
Laß deine Sexualität sprießen! Die Liebe in der Erotik zu feiern ist ein hinreißender Schritt zur Mitte. Sexualität ist das höchste Gut des Menschen. Freilich beinhaltet sie mehr als bloß Bumsen. Doch ist die körperliche Vereinigung ein unentbehrlicher Sprung auf dem Weg zum Ursprung. Sexualität ist die Substanz jeder Religion. (Laß sie dir nicht länger durch die Kirche oder sonst jemanden vermiesen!) Tief unten in deinem Rückgrat schlummert diese berückende Urkraft. Laß dich von der Sexualkraft verführen und folge ihr nach; sie führt dich zur allumfassenden Liebe des Seins.
Also verbünde dich mit der Sexualität, indem du erstmal in der Erotik herumtollst. Im Bett kannst du Raum und Zeit auflösen oder sie zumindest vergessen und dich dabei an

den Ursprung erinnern.
Die Hochkulturen, zum Beispiel die alten Inder, wußten darüber bestens Bescheid: Die pornographischen Bilder in den indischen Tempeln zeugen von einer bodenlosen Geilheit, die bis zum Himmel spritzt.

Über die körperliche Ebene hinaus kann Sexualität vergeistigt werden, indem du die Sexualkraft durchs Rückgrat in den Kopf hinaufsteigen läßt. So scharf, wie du unten bist, so klar kannst du oben im Geist werden: Kundalini nennt sich das.
Wie du dich erhöhen und läutern kannst, dazu existieren zu viele geistreiche Theorien und komplizierte Übungen. Das Reinste und Klarste: Versenke dich ohne Scham in die Erotik. Dann ist auch der Weg nach oben frei; die Läuterung geschieht jetzt von selbst. Einzig die Klemmer des Sex' müssen sich um das Kundalini bemühen – nicht nur ihr Rückgrat klemmt.
Sexualität vermittelt göttliches Bewußtsein. Wer jedoch die Liebe erniedrigt, kann auch sich selbst nicht erhöhen!

Was hat unser liebes Kirchlein mit GOTT angerichtet?
Die *Sexualität* ist ihr *Erzfeind*. Wer in den Ursprung hineinspringt, ist von der Kirche abgesprungen!
Seit jeher bekämpft die Kirche die körperliche Liebe: Sie verteufelt die göttliche Sexualität. Doch GOTT im Sex bleibt stark, auch dann, wenn ER verschmäht und verdrängt wird. Die Ausgeburten der Kirche bestätigen dies. Bestenfalls holen sich Geistliche in ihren jungen Jahren einen runter; und in ihren alten Tagen schielen sie auf die Brüste ihrer Haushälterin. Bischöfe und Kardinäle saufen und fressen – ohne echten Genuß. Jede Sau lebt besser; kein schlechtes Gewissen plagt sie beim Fressen. Theologen kommen Jesus nie nahe. Wie ist Religion über das Wichsen, Fressen oder Studieren erfahrbar? Tatsächlich ist die Diskrepanz zwischen den Lehren der Kirchen und den

Aussagen Jesu höher als der höchste Kirchturm.
Wie verhalten sich die Gläubigen zur Kirche?
Sie entrichten Kirchensteuer – die Kirche soll schön im Dorf bleiben! –, und diese Heuchler scheuen sich nicht, ihre Lügen noch in ein Gebet zu verwandeln. Derartige Anhänger sind aufgehängte Schafe: Sie hängen am Lügenstrick der Kirche – ihres Henkers von heute.
Die Kirche, dieses arglistige Teufelchen, hat sich ihren eigenen Gott kreiert! Dadurch verleumdet sie GOTT und versucht, IHN zu unterdrücken, zu vergewaltigen und zu verstümmeln. Doch das hindert den Impotenzler aus Rom nicht, weiter in der Welt herumzustreuen, um ein letztes Mal zu versuchen, die kastrierten Lehren des Katholizismus von der Vergangenheit in die Zukunft hinüberzuretten. »Eure Heiligkeit, wo zum Teufel vögelt euer göttlicher Schwanz?«

Die Kirche verbuchte nie endgültige Erfolge mit der Verdammung der Erotik. Alles kannst du töten auf dieser Welt, nur eines nicht: die Liebe. Nonnen, Mönche, Theologen und sonstige Scheingläubige sind ihre Gegner. Ihre Schublade Erotik klemmt – sie sind verklemmt.
Wohin treiben wir diese zimperlichen Kreaturen?
In einem Pornofilm sollen sie sich mit ihrer Körperfeindlichkeit anfreunden. Vielleicht wird Emanuelle sie packen, um sie aufzuklären, wie es von vorne gemacht wird. Zieht sich Emanuelle unbefriedigt zurück, dann kann ja der Katholikenboß für sie einspringen – fuck him! –, damit seine Jünger wenigstens mitkriegen, wie es von hinten gemacht wird.

> Ziehe du selbst
> an allen Registern des Lebens
> sonst wird an dir gezogen

»Eure Heiligkeit, wo zum Teufel vögelt euer göttlicher Schwanz? Ist das nicht eine Gotteslästerung?«
Sicher nicht! Es ist unsere Gesellschaft, die GOTT verhöhnt und verflucht. In allen Lebensbereichen mißachtet sie die göttliche Schöpfung. Der Bauer, der die Erde mit Kunstdünger unfruchtbar macht; der Autofahrer, der den Wald das Fürchten lehrt – sie und alle anderen Mistkerle lästern GOTT. Gleich nach der Vertreibung aus dem Paradies hatten sie ihre Mistgabel umgedreht. Sokrates und selbst Jesus wurden schon wegen Gotteslästerung verurteilt.
Wer den religiösen Frieden stört, macht sich strafbar. Das ganzheitliche Kaputtsein des Bürgers ist gesetzlich geschützt. Sollte dieser Bewußtseinsverächter aus seinem Idiotendasein geweckt werden, müßte er wahrnehmen, wie er in jeder Beziehung, auch in seiner vermeintlichen Religiosität, verflucht gestört ist. Nun würde er für das Fortbestehen der Gesellschaft gefährlich werden. Denn nur solange die Bürger sich dem Menschsein verschließen, kann die gesellschaftliche Barbarei weiterschlachten. Mithin wachen seit alters die Gerichte des Staates darüber, daß niemand erwacht. Die Kirche ist auch so ein Amtsdiener des Staates.
Das gemeinste Verbrechen, das du der bürgerlichen Gemeinschaft antun kannst, ist deine Selbstverwirklichung zu einem Menschen. Verwirklichst du dich selbst in der entmenschten Gesellschaft, wirst du zu einem Gesetzesbrecher, der ihre ungesetzlichen Gesetze fortwährend bricht.

Wem möchtest du Rechenschaft ablegen?
GOTT, also DIR selbst?
Oder dem Staat und der Kirche?

Politik

Bestenfalls sind Politiker unreif oder verkalkt.
In der Regel aber sind sie pubertierend *und* senil.
Washington, Moskau, Berlin, Zürich
bestätigen diese politische Tatsache stündlich.

In der Politik wird regiert und gelogen im Namen des schlummernden Volkes. Zur Zeit werden in der Politik die gewaltigsten Verbrechen begangen -- seit Menschengedenken. Diese Schandtaten decken die wenigsten auf, weil unsere vernünftige Gesellschaft fabelhaft verdreht ist:
Klaut ein frustriertes Fräulein einen Zuckerstengel, damit es nicht mehr allein ist, wird es gemaßregelt.
Verführen sich zwei Kinder, um in dieser kalten Welt wenigstens körperliche Wärme zu spüren, werden sie geschlagen.
Erweckt ein Sprayer unsere toten Betonbauten zum Leben, wird er bestraft.
Erleichtert ein gesetzloser Mensch eine Bank, um den ungesetzlichen Besitz dieser Welt zu versetzen, wird er eingesperrt.
Wenn aber die sieben mächtigsten Flegel in unserem Schweizerlande in ihren Bundesratssitzungen neue Verbrechen aushecken, werden sie nicht gezüchtigt, sondern noch belohnt. Schläge an Mensch und Natur sind der Wahlschlag-er der heutigen Politik schlechthin. Unsere Politiker sind Attentäter an der Schöpfung. Mit allen korrupten Mitteln versuchen sie, unsere todbringende Gesellschaft weiter am Funktionieren zu erhalten.

Früher hatten wir noch einen Wilhelm Tell, einen ganz ehrenwerten Terroristen. Sollte der liebe Tell sich reinkar-

nieren, müßte er sich gleich die vereinigte Bundesversammlung vorknöpfen. Eine Rakete, gefüllt mit Unkrautvernichtungsmittel, würde die Armbrust von damals gut ersetzen.
Wird der Retter unseres Vaterlandes nicht erscheinen, wohin verjagen wir die Politiker?
In die Steppe natürlich, damit sie endlich sehen und wissen, wie karg es in der Schweiz einmal ausschauen wird.
Beteiligst du dich an der Politik, bist du ohne jegliche Wahrnehmung, also bescheuert.
Siehst du das nicht?
Wann entfernst du deine Scheuklappen?

Das Kollektivbewußtsein unserer Gesellschaft ist tödlich. Alle ihre Manifestationen, die Politik, das Gesundheitswesen (so eine verdrehte Bezeichnung), der Straßenverkehr und so weiter, sind äußere Entsprechungen ihres inneren Krankseins. Die gesellschaftlichen Auswirkungen sind mannigfaltig, doch ihr Dahinvegetieren ist unumstritten und überall von gleicher Intensität. So gemein wie der Gesellschaftsmensch mit der Natur umgeht, so abscheulich benimmt er sich in seiner Sexualität, in seiner Arbeit, in seiner Nahrungsaufnahme und in seiner Politik. In jeder Hinsicht ist er schwer erkrankt.
Nimm wahr, ohne wenn und aber, daß unsere Gesellschaft von Grund auf krank und nirgends gesund ist. Eine differenzierte Wertung erübrigt sich.
Zum Beispiel wage dich in die Lebensmittelabteilung eines Supermarktes und riskiere ein Auge auf das Warenangebot. Du sichtest keine Lebens-Mittel, sondern Todes-Mittel. Unreifes, verfaultes, raffiniertes, pasteurisiertes, tiefgefrorenes, verseuchtes, steriles, künstliches und obendrein bestrahltes Zeug wird hier auf leckere Art und Weise feilgeboten. Kannst du noch riechen, schmecken, tasten, hören und sehen, wirst du nicht ein einziges Lebens-Mittel entdecken. (Nichtsdestotrotz kannst du heute ein Fein-

schmecker sein, aber dies ist ein völlig anderes Thema.)
Die gesellschaftliche Fäulnis modert in der Wursterei, in der Molkerei, in der Eierfabrik wie an allen anderen Tatorten.
Ebenso stinkt es in der Politik. All ihre Taten und Worte sind verlogen, oberflächlich, herz- und hirnlos. Politiker sind wahrnehmungslos, aber geschwätzig.
Besitzt du selbst einen Funken Wachsein, ein bißchen Bewußtsein in dir, wie könntest du dann vom bewußtlosen Volk gewählt werden?

Sogar das immergrüne Thema der flügellahmen Grünen und das piepsende Geschrei sonstiger schräger Vögel vermögen den politischen Sturzflug nicht zu stoppen.
Natürlich sind die Alternativen nicht ganz so pervertiert wie die Normalen. Wenigstens sind sie bereit, den Gestank des Mistes zu riechen. Doch statt zu klagen und sich stark zu machen für Symptombekämpfungen wie Radfahrwege, Frauenbefreiung (wann endlich befreit sich der Mann?) und Müllverwertung, sollten sie besser ihren *eigenen* inneren Verfall erkennen.

Ab wann können die Kerne einer halbverfaulten Frucht gedeihen?
Unsere Gesellschaftsstrukturen sind wie angefaulte Äpfel. Bediene dich und setze einen dieser faulenden Äpfel neben einen gesunden Apfel.
Ist jetzt der verwesende Apfel noch zu retten?
Die einzige Chance, die er vorerst hat: ganz zu verfaulen. Erst später kann einer seiner Kerne Wurzeln schlagen und zu einem neuen Apfelbaum erblühen.
Gleichso müssen unsere Gesellschaftsstrukturen zuerst ganz verwesen und sterben, wie alle anderen zuvor.
Warst du ganz verfault und beginnst du zu knospen, können dich auch die faulsten Früchte nicht mehr anstecken.
Jetzt liebst du alle Krankheiten, auch die ärgste — die

Gesellschaft.
Hast du dich soeben geärgert?
Verfaule!

Militär

Zünde die Atombombe
in dir selbst

Wer sich für die Armee einsetzt, ist weder Mensch noch Tier. Solch ein Unwesen ist eine unausgereifte Mischung aus Gewalt und Blödheit.
Es leben wenige Menschen in der Schweiz. Denn laut einer Umfrage befürworten 87% ihrer Männer und Frauen die Armee. Die Frauen sollten unbedingt auch *Waffendienst* leisten, dann vielleicht würden wenigstens sie diesen Unsinn verweigern.
Die Armee entspricht schlagend unserem Gesellschaftsniveau. Die Durchschnittsfamilien, die einzelnen Zellen der Gesellschaft, sind ihr wesensgleich: In aller Regel hickhacken sich Weiblein und Männlein gegenseitig. Lebt der Mensch mit sich selbst nicht in Harmonie, taugt er nichts in der Partnerschaft (das weiß doch jeder – im Kopf!). Wie sollen dann erst die Völker friedlich miteinander streiten?

Früher habe ich gelehrt: Jeder Offizier ist ein pubertierender Saubub. Dies trifft immer noch zu, und heute ergänze ich diese Tatsache. Jeder Soldat ist ein impotenter Lümmel. Oder auf gut deutsch gesagt: ein Schlappschwanz. Ein liebesfähiger Mensch ist mit etwas Besserem als einem Gewehr ausstaffiert, um bums-en zu können.
Wehrst du dich jetzt?
Feure dein Gewehr hin!
Wohin kommandieren wir die Militaristen ab?
Hiroshima August 1945

Bis heute war der Krieg immer etwas Unvermeidbares. Der Mensch ist ein aggressives Wesen. Schon vor hunderttausend Jahren sind wir mit Steinäxten aufeinander losgestürmt. Ohne Gnade metzelten wir uns damals nieder, und ohne Scham setzten wir unsere Feinde auf die Menükarte. Zudem rangen wir Tag und Nacht mit der Aggressivität der Natur. Das war ein bewußter Kampf ums Überleben – im Gegensatz zur heutigen Zeit.
Lust, Tod, Krankheit, Aggressivität, praktisch alles verdrängt der zivilisierte Mensch. Er ignoriert seine heutigen Schlachtfelder, auf denen seine Verdrängungen rebellieren. Sein Schlachtgetümmel im Straßenverkehr, in der Schulmedizin und im Bett kriegt er nicht mit.
Jeder Autofahrer ist ein schwerbewaffneter und gepanzerter Krieger. Sein Feind ist die Natur und ebenso der Rest der Welt.
Heute siegt der Autofahrer.
Jeder Schulmediziner ist ein mit Giftpfeilen ausgerüsteter Krieger. Sein Feind ist die Gesundheit. (Verirrt sich ein gesunder Mensch in die Schulmedizin, wird er todsicher erkranken!)
Heute siegt der Schulmediziner.
Frau und Mann sind Krieger. Ihr Feind ist die unbefangene Lust.
Heute siegen die »Früstlinge« (siehe Duden 1990).

Wer siegt morgen?

Siehst du nicht, daß wir uns heute im Kriegszustand befinden?
Schaue dir die geprügelten Fressen der menschlichen Roboter an, wenn sie zur Arbeit hetzen! Tagtäglich wird ein neuer Kampf mit dem Lebenskrampf ausgefochten.
Und sowas nennt sich Zivilisation = Lebensverfeinerung.
Die größte Schlacht steht uns noch bevor: Entweder wird es der dritte und vorläufig letzte Weltkrieg sein, oder globale

Naturkatastrophen werden uns auf gewisse Dinge des Lebens aufmerksam machen: Die gesamte Natur ist der Menschheit immer überlegen, denn die Menschen sind nur ein kleiner Teil in ihr. Heute sind sie nur mehr Schmarotzer (Krebsgeschwüre) und müssen ausgerottet werden, wenn sie sich nicht von innen heraus heilen können.
Der Untergang unserer »Zivilisation« ist nicht mehr aufzuhalten. Schon die Hochkulturen, die mit der Schöpfung einigermaßen im Einklang schwangen, waren am Rad von Leben und Tod angekettet.
Oder glaubst du etwa, daß ausgerechnet unsere Gesellschaft einen Freibrief bekommt?

Wieder einmal begehen wir jetzt das Fest einer Endzeitphase:
Was für ein Schweinehund will jetzt noch seine geistige, seelische und körperliche Impotenz in einer Offiziersuniform verstecken? (Achte Schweine und Hund *als Schweine und als Hund!*)
Was für ein Bubi will jetzt noch unser Vaterland – wo ist die Mutter? – verteidigen?
Was für eine Flasche im Zivilschutz will erst ein paar Tage nach dem großen Bums entkorkt werden?
Was für ein Schwindler will jetzt noch in Friedensbewegungen mithinken?

Wenn du schon siegen mußt:
Besiege dich selbst, sonst verlierst du dich in unserer sterbenden Zivilisation.

Schulmedizin

Kann an Leib und Seele
ein grausameres Verbrechen begangen werden
als durch die Anwendung der Schulmedizin?

Kaum!
Die Schulmedizin ist der Kirche, dem Straßenverkehr, dem Militär, dem Sex à la Mistkäfer (das ist Bürgersex im Mist – die Gesellschaft ist ein Misthaufen und der *Bürger* ein *Mistkäfer* darin!) durchaus ebenbürtig. Der Mist unserer Gesellschaft verpestet alle Daseinsbereiche. Doch ekelhaft wird es, den Gestank des Mistes dort zu riechen, wo der Mist nicht stinken darf, weil man noch zu sehr von ihm besudelt ist, wie zum Beispiel von der Schulmedizin.
Folgende Diagnosen mögen dir als Entscheidungshilfe dienen, ob du in dieser Mistmedizin versumpfen oder dich eher von ihr abheben möchtest.

Erstens: Die Schulmedizin ist ein Paradebeispiel für die Verrücktheiten unserer Gesellschaft. Sie trägt wesentlich zu den hirnrissigen Verrenkungen unserer Zeit bei. So unsäglich fürchtet sich der moderne Mensch vor dem Kranksein, daß er blindlings eine Medizin mobilisiert, die ihn fortwährend bedroht. (Furcht erzeugt Abwehr. Je stärker die Abwehr ist, desto gewaltiger wird die ursprüngliche Bedrohung. AIDS!)
Die Schulmedizin schlägt wie ein Vorschlaghammer, doch dein Körper ist empfindsam wie ein Klavier.
Wer ist der beste Pianist?
Du!

Zweitens: Je mehr Schulmediziner praktizieren, desto kränker ist die Bevölkerung. Zahlen aus dem Kanton Bern veranschaulichen die Gefährlichkeit des Herrn Doktor: Innerhalb von sechs Jahren hat dort jeder Mediziner eine Umsatzzunahme von durchschnittlich 60% erzielt, abzüglich Teuerung bleiben noch 40% Umsatzsteigerung. In derselben Zeitspanne verzeichneten die Chirurgen einen Zuwachs an Behandlungsfällen von 45%, die Psychiater von 125% und die Gynäkologen von 23%, und dies alles bei abnehmender Bevölkerungszahl und immer mehr zugelassenen Schulmedizinern.
Umgekehrt heißt das: Je weniger Schulmediziner wüten, desto gesünder muß die Bevölkerung sein.
Schüttelst du jetzt den Kopf?
So nimm mal wieder ein Aspirin! − Dein Hausmittel?

Drittens: An keinem Ort dieser Welt wird in einem Atemzug mehr getötet und mehr verdient als in der Schulmedizin. Und noch ist kein Ende in Sicht. Immer mehr ohnmächtige Wüstlinge dürsten nach Macht, Geld und Gift. Deshalb studieren sie Schulmedizin, um in diesem gewinnträchtigen Mordszenario sauber mitzutoben.
Sollte dieser Geld- und Gifttrip nicht bald verrauschen, wird die Spezies Mensch auch in dieser Schlacht untergehen. Zuerst sterben die Patienten unter den Händen der Mediziner; und hernach werden die Täter in Weiß selbst erkranken, weil sie ihre Krankheits- und Todesängste nicht mehr auf ihre Opfer projizieren können. Ihre Ängste müssen sie jetzt mit dem eigenen Körper auffangen.
Wer Schulmediziner ist, hat den Tod verdrängt und damit jegliche Kontrolle über das Leben verloren (Leben ohne Tod ist kein Leben).

Viertens: Fast jede chronische Krankheit verdankt ihr Dasein einer früheren schulmedizinischen Behandlung. Symptome abwürgen bringt nie Heil, sondern Unheil.

Weitere Details zu dieser Tatsache erfährst du im Buch »Der Rosengarten« oder erleidest sie bei deiner nächsten Arztvisite.

Fünftens: Jeder Schulmediziner ist ein geldgieriger Massenmörder oder günstigstenfalls ein selbst-loser Illusionist. Ist er sich dessen nicht bewußt, ist er wirklich blöd. Saublöd. Jeden Krankheitstag läßt er seinen Vorschlaghammer niedersausen und genießt sein Schmarotzer-Dasein. Konsequenzen daraus zu ziehen, fällt dem Schuft schwer. Eine solche Milchkuh wie die Schulmedizin läßt sich nicht so schnell wieder erschaffen. Doch dieses Viech ist ein Mistviech. »Eure Milch ist die Pest des 20. Jahrhunderts, Herr Doktor!«
Sind alle Schulmediziner schwarze Schafe?
Ja. Doch wie überall existieren unter den ganzheitlich praktizierenden Ärzten einige wenige weiße (weise) Schafe.

Sex-tens: Zur Zeit wird Zürich von 69 praktizierenden Frauenärzten heimgesucht. Was bedeutet, daß zu viele irritierte Frauen auf dem berüchtigten Stuhl liegen, um ihre Beine zu spreizen – für nichts, aber rein gar nichts.
Ächzender Frust und schrille Lust jammern hier ihr Klagelied.
Willst du Fräulein bleiben oder endlich ein Weib werden? Laß dich von deiner inneren Hexe verführen. Nachher sprießt alles andere von selbst. *Bums!*

Siebtens: *Heute haben wir dank der Schulmedizin eine allgemein längere Lebenserwartung als früher.*
Diese Meinung ist unter dem Volk stark verbreitet, doch wie falsch liegt es damit. Die längere Lebenserwartung ist kein Verdienst der Schulmedizin. Je älter ein Mensch heute wird und dabei einigermaßen gesund bleibt, desto seltener war er bei einem Mediziner. Frage einen alten Menschen, ob dies zutrifft. Wende dich dabei nicht an einen spröden

Knochen, sondern an einen lächelnden Alten!

Ein Terrorist — ein Mensch, der sich von dieser terroristischen Gesellschaft losgelöst hat und weiter gewalttätig bleibt — müßte die Schulmediziner und das restliche armselige Pack kurzerhand abknallen, um die Patienten von ihrem unsäglichen Leid zu erlösen. Doch Terror mit Terror zu vergelten bringt kaum Heil. Sollte solch ein Terrorist nicht auftauchen, was auch gut ist, stellt sich uns die Frage: Wie verarzten wir die Ärzte?
Die Chirurgen fahren wir in den Schlachthof; damit sie weiterhin für das leibliche Wohl ihre Messer schwingen können.
Und wie behandeln wir den Rest?
Den verfrachten wir nach Basel. Die Forscher werden sich die Hände reiben über ihr neues Glück — endlich die richtigen Versuchsobjekte. Hoffmann, Ciba, Sandoz werden ihre Mäuse, Frösche und Affen freilassen und gleich Ehrenmitglieder des Tierschutzvereins werden. Im Nu ist die Welt wieder in Ordnung.

Je mehr du deine Abhängigkeit zur Horrormedizin und zu allem anderen gesellschaftlichen Terror losgelassen hast, desto häufiger hast du vorhin den Kopf genickt.
Womöglich aber leugnest du: *Nein!* Das stimmt nicht, was hier über die Schulmedizin gesagt wird.
Kennst du keine Alternativen zur Schulmedizin?
Wenn dem so ist, darfst du meiner Betrachtungsweise gar nicht folgen. Solltest du nämlich krank werden, bist du gezwungen, diese Medizin auf ein Podest zu heben; damit du ihr Vertrauen schenken kannst, um nicht gleich von Anfang an zu verzweifeln.
Vielleicht findest du, es stimme ansatzweise, was hier offengelegt wird, doch mit weniger Übertreibung wäre es besser getan. Auf *deine* Sicht kommt es an: Streust du dir Sand in die Augen, kannst du mit Recht behaupten: Man

sieht nicht viel. Oder du steigst bei dichtem, alles verhüllendem Nebel auf einen Berg und behauptest felsenfest: Es gibt kein Tal — nur weil du im Moment nicht hinuntersehen kannst.

Sollen wir nun eine oberschlaue Schublade aufziehen?
Na klar, nehmen wir diejenige eines studierten Arztes. Seine Schublade knarrt echt ver-rückt: »Die Schulmedizin ist gut, und wir werden sie immer weiter verbessern. Mit Kobaltbombe und Impfpistole werden wir alle Krankheiten besiegen. Dank der Schulmedizin werden morgen alle Menschen gesund und zufrieden sein. Wir, die Mediziner, schuft-en zum Wohl des Menschen. Unser oberstes Ziel bleibt es, dem Menschen zu dienen, auch wenn wir dabei kaum verdienen. Bla, bla, bla.«
Entscheide dich, welcher Mosaikstein dich versteinern soll, in welche Schublade du dich einmotten möchtest. Alles hat seine Berechtigung, sogar die Schulmedizin. Es liegt an deinem Bewußtsein, die Schulmedizin hochzujubeln, sie an die Wand zu schmeißen oder dich mit ihr auszusöhnen.
Bist du krank, kannst du aus vielen Schubladen wählen, um zu versuchen, gesund zu werden. Du kannst zum Schulmediziner, Naturheilarzt, Homöopathen und Geistheiler eilen. Oder du kannst gar nichts tun oder dich selbst heilen oder alle Medikamente fortwerfen.

Möchtest du im Hier und Jetzt entbrennen?
Fange Feuer in allen Schubladen, und du bist entflammt bis in alle Ewigkeit.

Was spricht für die Schulmedizin?
Sie schafft Arbeitsplätze in der Pharmaindustrie, in den kranken Häusern und in den kranken Kassen. Ein Vergleich zur Politik: Jedesmal, wenn die militärischen Wirrköpfe Milliarden für die Rüstung verschleudern, betonen sie gerne, daß dadurch Arbeitsplätze erhalten bleiben.

Homo sapiens scheint sich zu vernichten; doch bis es soweit ist, soll er dafür noch arbeiten dürfen/müssen.
Was wirklich für unsere Schulmedizin spricht, ist ihre Entsprechung zur Qualität unserer Zeit. So wie die bürgerliche Kreatur ißt und liebt, läßt sie ihren Körper verschandeln. Diese verlorene Medizin bietet die Hilfe, nach der die meisten suchen.

Töte oder lasse dich abschlachten. Auf diese Weise belichtest du die Schattierungen deines Egos. Doch schau dabei klar hin, und bald wirst du weitergehen wollen.
Erhellt sich der Mensch auf allen Ebenen, wird die Schulmedizin erlöschen.
Bist du selbst lebensfreundlich, wirst du in deiner Not lebensfreundliche Hilfe erhalten.
Alles ist derart ein-fach.

Geld

Geld! Geld! Geld!

Liquidiere zuerst deine Werturteile über das Geld:
Es war einmal eine große Bank. Ihr Sitz befand sich an einer berüchtigten Straße irgendwo in der Schweiz. Von überallher strömten dort besudelte Gestalten zusammen. Ihre Moneten wollten sie aus dem Schlamm ziehen! Zum Teil schauten recht saubere Typen bei der Bank vorbei, darunter menschenfleischfressende Diktatoren, Mafiosi, Drogendealer und Terroristen. Sie waren Engel, im Vergleich zu den anderen Kunden, die auch in die Bank schlichen, um ihr dreckiges Geld reinzuwaschen. Diese Lumpen waren reichlicher beschmutzt. Das waren die legitimierten Mitglieder unserer Gesellschaft: Wirtschaftsbosse, Politiker, Ärzte und Kardinäle.
Eines Tages war ihre Kläranlage verstopft; die Bank blieb geschlossen – für immer. Die Leute waren voller Entsetzen; ihr Geld stank bestialisch zum Himmel, sie konnten es selbst nicht mehr riechen; und ihr Geld war mordsmäßig verschmutzt, so daß sie nicht mehr sahen, was und wieviel an ihren Händen klebte.
Nun schreibe noch dein Werturteil über diese Geschichte ab.

Geld macht alle verrückt. Geld macht reich. Geld macht arm. Geld macht Macht. Geld verführt. Geld regiert die Welt. Geld macht alles möglich. Mit Geld kannst du dir Männer, Frauen, Kinder, Schönheit, Sicherheit, Erho-

lung, Gesundheit und Bildung kaufen. Geld! Geld! Geld! Damit kannst du protzen, erpressen, spielen und konsumieren. Geld kann angelegt, gehortet, gefälscht, geklaut, verdient, verschenkt und verschwendet werden. Geld! Geld! Geld!
Geld besitzen ist statthaft, sofern es auf redliche Art und Weise verdient wurde (so ein Mist!). Geld haben ist unzulässig, sofern es geklaut wurde (auch Mist!).
Geld! Geld! Geld! Durch das Geld kannst du berühmt werden. Geld! Geld! Geld! Mit Geld kannst du deinen Lebensunterhalt be-streit-en. Geld! Geld! Geld!
Geld schmiert das Getriebe unserer Gesellschaftsmaschinerie. *Ohne* Geld: *kein* Krieg, *keine* Kirche, *keine* Politik, *keine* Schulmedizin und *kein* Straßenverkehr. Setzen wir das Geld ab; es zersetzt alles.
Kein Geld! Kein Geld! Kein Geld!
Ohne Geld aber läuft nichts.
Geld! Geld! Geld!

Wo du in deinem profanen Leben hinstierst (hin-stier-st: etwas für den Astrologiekundigen), Geld und Besitz spielen immer die wichtigste Rolle. Nur Babies, Gefangene und Heilige bedürfen keines eigenen Geldes. Die Eltern sorgen für das Baby, der Staatsterror versorgt die Gefangenen, und der Heilige läßt sich vom Universum alles besorgen. Du aber willst weder Baby, Gefangener noch Heiliger sein. Trotzdem möchtest du mit dem Geld nichts oder nur wenig zu tun haben.
Bist du dir da sicher?
Geld! Geld! Geld!
Immerzu bestimmt Geld deine Sicherheit und Existenz. Kein Moment existiert mehr in deinem Leben, wo du mit deinem Geld und deinem Besitz nicht in Berührung stehst.
Ohne Geld geht rein gar nichts.
Geld! Geld! Geld!

Wie verhalten wir uns jetzt?
Laß doch das Geld Geld sein. Oder viel besser: Schätze das Geld. Es ermöglicht dir, irdische Schätze zu kosten, damit du sie einschätzen lernst. Das ist verflixt viel. Vor allem, wenn du das Irdische begehrst und es lustvoll vernaschst. Im Gegensatz dazu pickt der Bürger nur die Brosamen; er rotiert und konsumiert.
Erträumst du mehr, als in der irdischen Welt mitzueifern? Wünschst du vielleicht, in himmlischen Gefilden mitzufeiern?
Dann erst recht: Schätze das Geld in all seinen Vorzügen. Es ebnet dir den Weg zu allen irdischen Genüssen – gerade dort federt das Sprungbrett zur Erkenntnis.
Bist du schon spring-lebendig?
Geld! Geld!
Kein Geld!

Justiz

Justiz ist nie Rechtspflege
sondern Machtpflege

Eine Zürcher Tageszeitung wagte zu behaupten, ich hätte verkündet: »Jeder Polizist ist kriminell.« Damals hatte ich dies nicht gesagt. Heute aber hole ich es nach: Jeder Polizist ist kriminell. Und füge gleich hinzu: Jeder Staatsanwalt wie auch jeder Richter ist kriminell. *Ohne Ausnahme!*
Warum sind diese Typen kriminell?
Weil sie sich mit der Kriminalität auseinandersetzen müssen. Der einzige Unterschied zwischen ihnen und dem Verbrecher: Sie stehen mit unserer kriminellen Gesellschaft auf einer Seite. Beide, der Hüter des Gesetzes wie auch sein Widersacher, kämpfen mit dem Gesetz. Ist der eine dafür, so ist der andere dagegen. Hätten wir andere Gesetze, müßten sie eventuell ihre Rollen vertauschen. Nun könnte der Verbrecher ein Polizist und der Polizist ein Verbrecher sein. Beide suchen ihre Lebenserfüllung im Streit um Recht und Unrecht. Ihr gemeinsames Grundproblem bleibt dabei das Verbrechertum.
Hätte *der Polizist* keine verbrecherische Ader, *wie* könnte er *seinen Kollegen* von der anderen Seite aufspüren?
Der Psychiater zum Beispiel muß auch wahnsinnig sein, sonst wäre er weder Psychiater geworden noch könnte er den Wahnsinnigen verstehen. Der Wahnsinnige ist sowieso nur in dieser Welt nicht normal. An einem anderen Ort könnte er sich frei bewegen. Und wäre dort die anormale Normalität unseres Erdenbürgers nicht gefragt, müßte der in einer Bürgeranstalt versenkt werden.

In einer anderen Welt:
Würden unsere Politiker an die Wand gestellt werden.
Die Anklage: Hochverrat.
Würde unseren Medizinern der Giftbecher verabreicht werden.
Die Anklage: Mord.
Würde der Papst verbannt werden.
Die Anklage: Gotteslästerung.
Würden unsere Polizisten, Richter und Staatsanwälte eingelocht werden.
Die Anklage: Terror.

Wer ist nun bei uns kriminell und wer nicht?

Gerechtigkeit und Rechtspflege sollte die Justiz verkörpern, doch damit hat sie leidlich wenig zu tun. Die Justiz ist ein sträflicher Irrtum. Diese machtbesessene Dame hat überhaupt keinen Bezug zur Gerechtigkeit. Zuständig ist sie allein für die Erhaltung der bestehenden Machtordnung. Bekannterweise liegt die ausübende Macht immer in starken Händen. Es sind die Gewaltigen, die nach ihrem Gutdünken verfügen, was Recht und Unrecht sein soll. Ob dabei die Macht von einem Diktator oder von der Mehrheit eines Volkes ausgeübt wird, das ändert nichts an der »Gerechtigkeit« der Justiz, die lediglich die Macht vertritt.
Die Herrschenden setzen sich mit aller Gewalt für das schon Bestehende ein. Reformen werden soweit zugelassen, wie die alte Macht dabei nicht flötengeht. Um die vorherrschenden Machtstrukturen zu bewahren, werden sie von ihren Machthabern mittels entsprechender Gesetze legitimiert. Läßt sich einer nicht unterjochen, kann an ihm gesetzmäßig Rache geübt werden. Jedes Gesetzbuch ist ein Instrument der Rache – ein Katalog von Vergeltungsmaßnahmen.
Da die Mächtigen kaum Bewußtsein besitzen, bleiben sie trotz ihrer Privilegien ohnmächtig (bewußtes Sein verwirk-

licht sich ohne äußere Macht). Für jenen Menschen hingegen, der noch einen inneren Bezug zu ihrer äußeren Macht hat, bleiben sie gefährlich. Denn ein verbrecherischer (machtbrecherischer) Mensch kann nur gefaßt und gerächt werden, wenn es seiner Zeit- und Bewußtseinsqualität entspricht. Steht ein Machtbrecher in jeder Beziehung über den Bewußtseinsverbrechern (den Anständigen unserer Gesellschaft), ist er für ihre Rachegelüste nicht mehr erreichbar. Für manche mag das absurd klingen – das sind genau diejenigen, die sich noch immer erwischen lassen!

Die herrschenden Berufsverbrecher der Politik, der Kirche, des Gesundheitswesens (wo ist dort die Gesundheit?), des Militärs und der Justiz dürfen weder ertappt noch von einer überirdischen Justiz verfolgt werden. Freie Hände müssen sie haben, um sich und ihre Untertanen zu vernichten.
Die Erde blutet wieder. Unser Zeitalter stirbt. Das letzte Mal bäumt sich jetzt unsere sterbende Zivilisation rasend vor Schmerz auf. Unsere Gesellschaft ist es, die uns hinrichtet. Wir selbst löschen uns aus. So herrscht hier Terror ohne Gnade. Erbarmungslos braust der Sturm übers Land, damit in der nächsten Epoche von der alten ja nichts übrigbleibt, außer unseren Erfahrungen.
Sodann werden wir uns von jeglicher Justiz freigesprochen haben.

Erziehung

Vollkommenheit kennt keinen Weg
sie ist der Weg

Immer wieder lassen sich Menschen von unserer Gesellschaft zum Heiraten verführen und müssen so einen Pakt mit dem »Teufelchen Gesellschaft« schließen. Nach jungem, frischem Blut lechzt dieser leichenblasse Blutsauger. »Ihr Kinderlein kommet«, raunt er den Frischvermählten ins Ohr. Frankenstein zeigt sich gleich von seiner vornehmsten Seite. Er spendiert Heiratsgeld, Gebärsäle, Kinderzulagen, Familienwohnungen, Schulen und sonstiges doofes Zeug. *Nun muß das Kind noch her!*
Und siehe da:
Eines Tages vollbringt der Klapperstorch eine Bruchlandung: Die Eltern sonnen sich im Vater- und Mutterglück, und unsere monströse Gesellschaft giert nach dem neuen Opfer. Die Chancen stehen gut für diesen Kinderfresser. Vater wie Mutter funktionieren schon, und das noch lebendige Kind wird sicher bald bestens mitrotieren, indem es reibungslos in das Räderwerk unserer mechanischen Gesellschaft verzahnt wird.

Der allgemein anerkannte Sinn unserer Erziehung ist es, die wachen und noch staunenden Kinder in unsere verzogene Gesellschaft hineinzuziehen. Das neue Leben wird gezogen, verzogen und erzogen:
Erzogen wird das Kind in der Schule.
Dort wird es vergewaltigt: Das Kind darf nicht menschlich bleiben. Es muß immerzu bemüht sein, den Erwachsenen

zu kopieren, damit es bald in Betrieb gesetzt werden kann. Das Kind wird zu einem gehorsamen, anständigen und schmeichlerischen Bürger erzogen. Aalglatt und gefügsam soll es werden. Und die Gesellschaft grinst selbstzufrieden: Wieder einer mehr, der mit uns im Mist krepiert.
Verzogen wird das Kind in der Sexualität.
Ein Bub wird zu einem herrischen Subjekt, und ein Mädchen wird zu einem dämlichen Objekt verzogen.
Und welche Katastrophe folgt dieser Verziehung?
Beim Sex erlebt Er *nur* das Mannsein und Sie *nur* das Frausein: Sie wichsen miteinander! Onanierst du in deinem Hinterzimmer, kannst du für dich allein schon das Mannsein oder das Frausein üben. Seid ihr zusammen, feiert doch das Menschsein.
Gezogen wird das Kind hinein in unser zerpflücktes Weltbild.
Auf allen Ebenen wird ihm eingehämmert, daß nur eine Welt der Mechanik und Analyse existiert. Von der Geburt bis zum Tod steht der Mensch unter der Vorherrschaft von Logik und Frust. Im Gebärsaal fängt das Heulen an, die entsprechende Fortsetzung ist gleich durch Milchpulver gewährleistet, und dann rieselt es tüchtig weiter mit weißem Zucker, weißem Reis und Weißmehl. Alsbald mahnen Mama und Papa: Dies ist gut und jenes ist schlecht. Schon steht sporntreichs die logische Schule vor der Türe, die das Kind optimal für das Erwachsensein vorbereiten soll. Schließlich wird im sterilen Spital noch ein letztes Mal geseufzt.

Bevor das Kind unsere zergliederte Welt mit seinem Verstand bewußt und logisch wahrnehmen kann, erfährt es unbewußt schon als Baby diese Weltunordnung in der analytischen Schulmedizin und im raffinierten Essen. Demgemäß wird das Menschenkind bei der Geburt von keiner ganzheitlichen Medizin empfangen; und ebensowenig wird es nachher mit vollwertiger Nahrung versorgt; und zu al-

lem Elend pflanzt die Schule noch das Kausalitätsgesetz in sein Hirn. Pausenlos wird es aus der kosmischen Ordnung herausgerissen, und als Ersatz dafür wird es in unser gesellschaftliches Chaos hineingeschmissen.
Und die wichsenden Alten prahlen noch: Aus unserem Jungen/Mädel ist was Rechtes geworden!

Demungeachtet kannst du dich mit gutem Gewissen einer reinkarnierenden Seele zur Verfügung stellen, nicht für die Gesellschaft oder für dich, sondern allein für das werdende Kind. Das ist eine belebte Schublade. Jetzt achtest du das Kind und bildest dir niemals ein: Es ist *mein* Kind. Das Kind ist *nicht* dein Eigentum – sich selbst gehört es. In solch einer Situation kannst du durchaus heiraten und eiskalt von den finanziellen Zuschüssen der Gesellschaft profitieren. Was aber nie heißt, daß du das Kind aus heuchlerischer Dankbarkeit der Gesellschaft zum Fraß vorwerfen mußt. Liebe dich und das Kind. Belehrt euch gegenseitig, was für eine niederdrückende, aber anregende Welt ihr euch für eure Menschwerdung ausgesucht habt. Werdet euch darüber klar, wie es um unsere greise Gesellschaft bestellt ist, wie sie heute noch zitternd und blind um sich schlägt, und wie sie morgen schon sanft entschlummern wird.
Niemals kannst du das Kind in deine Bahnen lenken. Sanfte Geburt, Zärtlichkeit ohne Scham, Muttermilch, Vollwertnahrung, keine Schulmedizin, Fernsehverbot, Steiner-Schulen (die anderen Schulen sind noch steiniger) und sonstige esoterische Wissensvermittlung – unterlaß dabei wenigstens dein schöngeistiges Gerede! – bieten keine Gewähr dafür, daß das Kind ein bißchen weise wird. Ebensogut kann ein Kind in einer stinknormalen Mistkäferfamilie aufwachsen und weise sein, bevor es flügge wird.
Stelle also keine starren Regeln auf, wie Kinder er-zogen, auf-gezogen und hoch-gezogen werden sollen. *Er-ziehe* das Kind *nicht!* Zeige ihm, wo du stehst, damit es entscheiden

kann, wo es sich selbst aufrichten möchte. Lebe dem Kind vor, daß es Wege finden kann, um als *Mensch* durch unsere Welt zu schreiten.
Glaubst du etwa, daß du dazu nicht in der Lage bist?
Du irrst dich!
Wo ich bin, bist auch du, sonst wären wir beide jetzt nicht hier.

Der Rückblick

Der Papst ist unfehlbar – Politiker sind ehrlich – Schulmediziner heilen – ein Hauptmann ist sicher ein Mann – Richter haben recht – der Bürger ist ein Mensch.
Ja sicher! Diese morschen Schubladen haben wir aufgeschlossen und die Holzböcke darin entlarvt.
Nun entscheide dich: Ergötze dich in der Kirche – humple zur Urne – respektiere die Schulmedizin – bumse im Militär – rufe die Polizei – glotze in die Flimmerkiste – fahre Auto – friß Zucker – klopfe deine Sprüche am Stammtisch – bilde dir eine gute Bildung ein. Dein festes Recht ist es, an den erstarrten Klischees unserer sich auflösenden Gesellschaft zu kleben.
Vergiß dabei nie dein Recht auf Verwandlung!
Warum schwenkst du nicht um auf Lust, Wärme und Erkenntnis?
Nimmst du das Menschsein für dich in Anspruch, mußt du deine verstaubten Schubladen entstauben.

Die Außenseiter der Gesellschaft vermögen noch andere Schubladen zu sprengen. Dabei wählen sie nicht die saubersten Schubladen, und nichtsdestotrotz können sie von der bürgerlichen Kloake wegschwimmen. Fixer, Punk und Verbrecher sind menschlicher als jeder Normalverbraucher. Sie verweigern sich der monströsen Gesellschaft. Sie vermöbeln die herkömmlichen Schubladen, weil sie spüren, wie shocking die etablierten Normen sind. Vorerst sollten sich die Bürger von ihnen belehren lassen. Was aber nicht heißt, alle Bürger müssen sich zu Punks oder Freaks herausmachen. Vielmehr sollten sich die Scheinnormalen umstoßen, um ihr Leben zu normalisieren.

Unsere Zivilisation ist auf die niedrigste Entwicklungsstufe dieser Erde gestürzt. Gehe ich in den Zoo, hebe ich den Hut und verneige mich demutsvoll vor den Affen. Wenn ich diese hochgeborenen Tiere beobachte, frage ich mich, ob Herr und Frau Schweizer tatsächlich von solch edlen Geschöpfen abstammen.
Stell dir einmal vor, daß unsere wackeren Eidgenossen morgen ihren TV, ihre Mode, ihre Kultur, ihr Fleisch, ihren Zucker und ihr Patriarchat einbüßen würden.
Was wäre ihre nächste Buße?
Hopsgehen würden sie!
Morgen schon wird diese Science-fiction Wirklichkeit geworden sein. Unsere Schulmedizin, unsere Kirchen, unser Militär, unsere Politik, unsere Justiz und unser Bildungswesen sind dann verschüttgegangen.
Dir bleibt einzig die Wahl, dem Leben oder dem Tod zu folgen.

>Enge dich ein und du stirbst
>Dehne dich aus und du lebst

»Stop!
Jetzt reicht es aber! So ein Mist! Der Inhalt dieses Buches ist unwahr, übertrieben, substanzlos – einfach daneben!«
Ja, ja, ich erkenne dich! Du bist auch einer von diesen gezogenen Gesellen, sozusagen ein folgsamer Bürger, der sich vom Leitbild unserer Gesellschaft verleiten läßt. Ganz

und gar zufällig bist du über dieses Buch gestolpert und konntest deine Frustrationsgeilheit endlich einmal aufs Vollste befriedigen.
Sind wir uns nicht schon einmal begegnet, als du einen meiner Vorträge besuchtest und du Knall auf Fall abzittern mußtest?
Damals warst du nicht zu mehr fähig, als mir hilflos zuzugrinsen oder als bestenfalls einen roten Kopf zu kriegen.
Was machst du jetzt?

Bist du Journalist, bin ich dir sicher auch schon in die Quere gekommen. Erinnerst du dich, wie du damals deinen Notizblock beschmiert hast, um deine Leser über mich aufzuklären? Doch helle wie du bist, haben bei dir auf einmal die Alarmglocken geschellt: *Er darf nicht sein!* Und als unterdrückter Schreiberling deiner beschissenen Zwangsvorstellungen konntest du gar nicht anders, als deine Leserschaft mit deinen Scheißhausparolen zu bescheißen. So hast du in deiner Berichterstattung über mich gelogen wie ein Mediziner am Krankenbett eines todgeweihten Patienten.
Was machst du jetzt?

Vielleicht bist du Staatsanwalt, Richter oder ein sonstiger Straffälliger. Als Gefangener deiner Gerechtigkeitsneurosen liest du jetzt ganz unbefangen dieses Buch, um deine nie zu befriedigenden Rachegelüste aufzugeilen.
Was machst du jetzt?

Und was mache ich mit euch allen?

Euer Kriegsschiff sackt ab. Zappeln und schreien könnt ihr in eurer Mistkäferuniform bis zum letzten Mist. Rettungsringe liegen immer griffbereit da. Doch wie könnt ihr nach ihnen greifen, wenn ihr nicht einmal begreift, daß euer Schlachtschiff am Versinken ist?

Jedenfalls werdet ihr geliebt – mindestens von mir. Ihr seid verdammt wichtig! Wir alle zusammen sind von der (unserer) Schöpfung beseelt. Eure Seele gehört zu mir, so wie meine zu euch gehört.
Andererseits sind Gegensätze in unserer polaren Welt zwingend: Ein Teil der Welt verreckt, und ihr Gegenstück gedeiht. Heutzutage sind die meisten der Verderbnis anheimgefallen.
Was bleibt dann wohl für die wenigen anderen noch übrig?

Das gesamte Menschenvolk ist ein Abbild des menschlichen Körpers. Jede Seele schwebt genau zu jener Stelle, wo es ihr am besten zu landen gefällt, um sich entsprechend verkörpern zu können.
Aber aufgepaßt! Heute ist eine Körperstelle übervölkert: *Das Arschloch* – friß Scheiße; eine Million Fliegen können sich nicht irren!

Herbert Moser aber sprach:
Ihr gehöret zu mir,
so wie ich auch zu euch gehöre.

Die sieben ersten Schubladen haben wir durchgeschüttelt und ausgemistet.
Stinkt dein Saustall noch?
»Nee!«
Freu dich nicht zu früh – wir entladen gleich weiter.

Die

sieben

letzten

Schubladen

Die Einleitung

Unsere sieben letzten Schubladen zeigen Wege auf, wie du dich mit der Spiritualität anfreunden kannst. Doch werden wir uns hüten, uns in der Geistigkeit zu verlieren. Zu gerne wird die Spiritualität dazu mißbraucht, um sich nur zu vergeistigen. Man sondert sich vom irdischen Dreck ab und flüchtet in eine vermeintlich heile und reine Welt.
Menschen, die sich auf diesem gefegten Weg befinden, wollen sich vom irdischen Unheil lösen, indem sie sich ausschließlich auf das himmlische Heil ausrichten. Oft sind sie eingefleischte Vegetarier, wie zum Beispiel Hitler. Sek-tiererisch und überzeugt sublimieren sie ihre Sexualität und sind stets darauf bedacht, nur Gutes zu vollbringen. Vergeistigte Menschen verabscheuen unter anderem geistige Getränke, Rauschmittel, freie Sexualität und Menschengedränge (zu viele schlechte Schwingungen). Ihr Lebensweg bleibt eine Einbahnstraße. Vom Unrat der Welt bewegen sie sich weg und steuern unentwegt die göttliche Reinheit an. Zurückkehren dürfen sie dabei nicht. Was ihnen früher einmal erlaubt war, ist für sie jetzt Sünde. Sie hören auf zu rauchen, und nie mehr dürfen sie sich an einem Glimmstengel festhalten. Einst durften sie aus reiner Lust heraus einen Mitmenschen vernaschen, doch so etwas Menschliches ist ihnen heute zu tierisch. Gestern hatten sie Pommes frites zu ihrem Schweinebraten sogar noch nachbestellt, und heute stehen sie Schlange am Salatbüffet. Ihr dunkles Karma müssen sie aufhellen. Sie dürfen sich nicht mehr

vom Bösen und vom Unreinen beflecken lassen. Ihr einziges Ziel ist es, sich von dieser unheilen Erde endgültig zu trennen und die allerletzte Stufe ihrer Himmelshierarchie zu erklimmen.

Fast alle Gurus und sonstigen Schönlinge predigen den verführerischen Weg vom irdischen Unheil weg zum himmlischen Heil hin. Je angenehmer ihre Wahrheit klingt, desto markerschütternder bimmeln die Glocken ihrer Schäflein!
GOTT (MIR) sei Dank, bin ich eher der Anti-Guru; Jünger brauche ich keine, um mich zu scharen.
Wenn du wissen möchtest, wo oben ist oder unten, was richtig ist oder falsch, was heil ist oder unheil, dann brauchst du noch einen Guru. Er hilft dir, diese Gegensätze zu durchschauen. Gehe zu ihm und horche ihn aus! Doch wähle dir zumindest einen aus, der über sich selbst lachen kann. Gurus, die sich ernst und wichtig nehmen, schwanken noch auf der ersten Sprosse ihrer Guru-Leiter. Auf alle Fälle lege jetzt dieses Buch zur Seite – du könntest zu sehr verwirrt werden.
Suchst du noch einen Guru, wirst du in mir einen Feind sehen!

Hast du erkannt, was unheil oder heil ist, und möchtest du über diese Erkenntnis hinauswachsen, so stelle dich den sieben letzten Schubladen. Hier lösen wir uns nicht einseitig vom Irdischen. Wir verbinden uns mit ihm und lassen es gleichzeitig laufen.
Unheil und Heil ergeben ein Liebespaar. Alle miteinander verschmolzenen Gegensätze sind Kinder dieser beiden Liebenden.
Wer möchte nicht ihr Kind sein?
Gehe vorwärts und zurück!
Gestern verführte dich das Gift ins Heil, heute führt dich das Heil ins Gift, und morgen werden *beide dasselbe* sein.

Schweinefleisch, Rauschmittel, Sexualität ohne Moral sind nur für den Menschen ein Unheil, der unsere Schöpfung mißachtet.
Wer sich in einem Schweinestall noch verirrt, fürchtet auch das Schweinefleisch.
Wer die verdorbene Welt nicht liebkost, wird vergiftet.
Wer die Pornographie nicht würdigt, steckt in seinen sexuellen Zwängen noch mittendrin.

Die Spiritualität tanzt in der Mitte des Seins. Hier kreuzen sich die Paare der Gegensätze.
Möchtest du in diesem bestrickenden Reigen mittanzen?
So vergiß alle Tanzlehrer dieser Welt!
Veralbere und verlasse jetzt alle Gurus. Werde dein eigener Meister, und lache auch über dich selbst.

Was ist Spiritualität?

    Sie kitzelt das Hirn
    im Kopf bewegt sich deine Möse
    Durch ihn bläst der Geist
    der Kopf denkt in deinem Schwanz
    In ihr hopst die Seele
    das Herz pocht in deiner Möse
    Die Mitte durchblutet ihn
    das Herz erhebt deinen Schwanz

Dein Schwanz befruchtet das Sein
und das All brodelt in deiner Möse

Drogen

Rauschst du mit deinen Süchten im Einklang
wirst du die anderen Suchenden nicht verurteilen

Rauschdrogen sind vorzügliche Hilfsmittel, mit denen du deine anerzogenen Denk- und Verhaltensweisen auf den Kopf stellen kannst. Drogen wie LSD, Fliegenpilz, Tollkirsche und Marihuana können dir, wenn du dazu reif bist, ein allumfassendes Bewußtsein vermitteln.
Möglicherweise gibst du zu bedenken, daß Drogen fragwürdig und sogar gefährlich seien. Und als Esoteriker wirst du dich benachteiligt fühlen. Seit Jahren rackerst du dich ab: Du meditierst jeden Tag; du fastest im Herbst wie im Frühling mit dem Ziel: von der Erleuchtung verschlungen zu werden. Zudem erhöhst du deine schmutzige Geilheit in dein schönes Köpfchen. Der andere aber frißt und säuft wie ein Bischof, vögelt herum wie die Nonnen in ihren Träumen, schmeißt sich obendrein noch einen Trip rein, und dieser Lebensgenießer hüpft beschwingt in die Erleuchtung.
Wie ungerecht wäre doch die Welt, wenn Drogengenuß zur Erleuchtung führte! Der eine müht sich ab, um Erkenntnis über das ewige Leben zu erlangen. Der andere frönt der Lust, schluckt einen Trip, und schon ist er ins Nirwana entschwunden – auf Nimmerwiedersehen.
Wo bleiben hier die universellen Gesetzmäßigkeiten?
Hat der nach Weisheit schmachtende Esoteriker die Erleuchtung nicht eher verdient als ein Drögeler?
Gewiß nicht! Es kommt nie darauf an, *was* du in deinem Leben bewerkstelligst. Es kommt nur darauf an, *wie* du es

vollbringst. Das Licht der Erleuchtung überstrahlt alle Daseinsbereiche. Wenn einer glaubt, das Nirwana sei kein Lustgarten, dann war er noch nie dort.
Allerdings ist Enthaltsamkeit ebenso ersprießlich wie Ausschweifung. Doch solange einer auf dem Klo noch stinkt, sollte er sich vom übrigen Dreck nicht abzugrenzen versuchen – sonst beginnt er überall zu stinken.
Das ganze Leben ist ein Trip voller Drogen. Jede Versuchung, die dich heimsucht, ist eine Droge. Meditation, Musik, Arbeit, TV, LSD, Askese, Sex, Stammtisch, Diskutieren, Autofahren, Radfahren, Wandern – lauter Drogen.

Führt das Rauschgift demgegenüber nicht zur Sucht?
Ist der heutige Esoteriker nicht süchtig nach geistigen Erkenntnissen? (Oh, ja, ich bin's!)
Dürfte dieser Mistfink in seinem Wassermannzeitalter nicht mehr baden gehen, müßte er vor lauter Scheiße seine geistigen Höhenflüge einstellen.
Ist der Asket nicht süchtig nach Askese?
Bestrafe ihn doch einmal mit Beefburger und Coke. Würde er nicht gleich von seinem heiligen Berg ins tiefe Tal hinunterpurzeln?
Ist der Bürger nicht süchtig nach Arbeit?
Dürfte diese Frustmaschine nicht auf vollen Touren laufen, müßte sie gleich in der Psychiatrie repariert werden.
Und der Suchende ist der größten Sucht verfallen:
Er sucht Sucht.

Du bist süchtig!

Ist Rauschgift nicht giftig?
Jedes Gift ist zugleich Heilmittel.
(Es kommt nur auf die Dosis an.)
Bist du noch nicht geheilt?
Vergifte dich!

Das stärkste Gift, die gefährlichste Droge auf dieser Welt, das ist unsere ach so gesunde Gesellschaft. Du mußt auch dieses Gift in dich rein-nehmen, um dich zu läutern. Doch achte auf die Potenz, wie in der Homöopathie.

Rauschmittel sind keineswegs Allheilmittel. Unsere Drogenschublade soll verdeutlichen, daß wir uns an allen Dingen des Lebens berauschen können. Deinem bestätigungssüchtigen Ego entsprechend wirst du gerade den Trip aufsuchen, den du brauchst.

Dort, wo du dich heute aufhältst, suchst du. Das ist *deine* Sucht! Jede Sucht, jedes Suchen ist für den Süchtigen ein notwendiger Trip für sein Weiterkommen. Der Feinschmecker sucht im Essen, der Psychologe in der Seele und der Fixer im Heroin.

Glaubst du nun, daß eine bürgerliche Sucht wie das Fressen oder eine esoterische Sucht wie das Psychologisieren hochwertiger ist als das Suchen im Heroin, dann hast du dich vom Rauschgift, zumindest innerlich, noch nicht gelöst.

Dein Leben ist eine aufwendige Suche nach Glück und Wahrheit, ein ewiges Ringen um die letzte Erkenntnis. Immer wieder unterbrichst du das große Suchen nach allem, indem du stehenbleibst und feststellst: Jetzt habe ich das Wahre gefunden! Das muß es sein! Nun wirst du danach süchtig und bleibst an deinem neuentdeckten Ort hängen. Eines Tages wirst du die Sucht wohl ausgekostet und durchlitten haben, und schon jagst du der nächsten Abhängigkeit nach.

Das ist der Suchende: Er sucht und gleichzeitig ist er süchtig.

Begib dich zur Abwechslung auf einen brandneuen Trip! Ich feuere dich an. Laß dir aber viel Zeit und überlege es gut. Das könnte wohl dein letzter Trip werden. Danach

wird es weder ein Zurück noch ein Vorwärts geben. Ein wundervoller Trip wird es sein, ohne Anfang und ohne Ende. Aber überstürze nichts. Du hast jetzt wirklich viel Zeit. Ich warne dich! Erspüre dein Herz, ob es für diese herzhafte Reise ins Hier und Jetzt geöffnet ist. Sei vorsichtig! Dieser Trip ist jenseits aller Illusionen. Ein Leben ohne Illusionen zu genießen ist das Gnadenloseste, was überhaupt existiert!
Du brauchst nicht weiterzulesen. Schließe das Buch! Geh mal pissen oder tu sonst was Gescheites. Oder lege dich zur Ruhe und verschlafe diesen Trip.
Hast du noch nicht genug?
So nimm dir das nächste Kapitel vor, dort wird nämlich mit quietschender Lust und stöhnender Freude gehopst. Ja, laß uns doch lieber vögeln gehen, und wir verschwitzen dabei die Versuchung mit diesem einmaligen Trip. Vielleicht im nächsten Leben!
Bist du immer noch hier?
Hat dich die betörende Verheißung auf ungebändigtes Amusement zu wenig angekurbelt?
Bist du *so* süchtig?
Bist du von diesem ge-heim-nisvollen Zug ins Hier und Jetzt noch nicht abgesprungen?
Willst du sie wirklich antreten, deine Heimfahrt – ins Nichts, in die Welt des Seins, ins Paradies?
Das ist ein phantastisches Abenteuer! In schillernden Farben kann ich dir die letzte Reise schildern. Doch besser ist es, du verreist selbst, als bloß darüber zu lesen.
Recke dich empor und fahre heim:

> Suche nichts – alles wird dich besuchen
> Hasche nicht das Glück – du ruhst mitten drin
> Im Hier und Jetzt stehst du im Sein
> alles andere ist Schein

Sexualität

Bums!

Diese ungestüme Schublade verkörpert die schamlose Daseinsfreude in allen Sphären. Laß dich von der Liebe verführen und erregen! Fühle Verzückung, Wonne und Wollust im Hier-sein. Solltest du dich nach kosmischem Bewußtsein sehnen, hast du ohnehin nur eine Chance, dich mit ihm zu all-iieren: *Liebe!* Liebe ist allgegenwärtiges Bewußtsein: Sie ist unendlich. Räume – lieber heute als morgen – deine engen Gefühle und Vorstellungen über sie ab.
Dein Ich figuriert als ein einziges Hindernis, um ungeniert lieben zu können. Unter der Herrschaft deines witzigen Ichs hast du einen persönlichen Stacheldrahtzaun aufgestellt, um deine Schamgefühle zu hegen: Jedes Schamgefühl verflucht und verletzt die Liebe!
Scham empfinden ist eine grassierende Krankheit. Menschen, die stark unter dieser Seuche leiden, verlieren ihr Gesicht. Zusammengepreßte Lippen in ihren grimmigen Gesichtern verunstalten ihr ehemaliges Antlitz. Eingeklemmt sind sie in ihrer Verklemmtheit. Sie blicken einem fremden Menschen kaum in die Augen oder lächeln ihn sanft an. Jedes aufknospende erotische Gefühl soll im Keim erstickt werden. Solche Klemmer der Lust verkörpern einfach die überzuckerten Frustologen unserer sauren Gesellschaft.
Schäme dich jetzt über deine Schamhaftigkeit und erlöse dich von ihren Schmerzen. Werde ohne Moral! *Sittlichkeit*

ist die Vergewaltigung der Sinnlichkeit.
Sei ein Sittenstrolch!

Tag und Nacht besitzt du die Wahl: Genieße die Lust ohne Pardon, oder der Frust wird dich mit Haut und Haar auffressen. Du hast nur diese zwei Varianten: Entweder öffnest du dich der Liebe, oder der Haß wird dich erwürgen. Entweder – oder! Dazwischen existiert nichts, mit einer Ausnahme: Der Erleuchtete scheint in der Mitte, vereinigt hat er sich mit allen Gegensätzen. *Lassen wir ihm seine Scheinwelt!* Taumelst du auf der Seite der Lust, wird dich die Liebe beschützen. Verharrst du auf der Seite des Frusts, wird dich der Haß vernichten. Sei doch lieb zu dir. Laß dich von der Lebenslust anfeuern, und taue deine Gefühlskälte auf.

Stirb Früstling!
Gehe lustwandeln.
Lebe Lüstling!

Lust und Liebe sind unerschöpflich. In der Mitte des Seins befruchten sie die Harmonie unserer chaotischen Schöpfung. Jeder Augenblick ist ein Festakt dieser verzückenden Feier. Schwelgst du im Hier und Jetzt, so wirst du sicher einer der geladenen Gäste sein.
Vom Hörensagen kennen fast alle das Hier und Jetzt. Willst du mittendrin ruhen, mußt du dein gezähmtes Ego springen lassen. Eine faszinierende Festwiese dafür ist die Erotik. Laß dich zügellos fallen und folge der Liebe und der Lust nach; die beiden schlüpfen miteinander umwerfend gerne ins Bett. Liebe und Lust offenbaren dir dort, wie du dich durch Fleischeslust und Sehnsucht mit GOTT wiedervereinigen kannst. GOTT liegt im Bett – aber nicht im Schlaf, sondern im Beischlaf. Mit IHM feierst du hier mit derselben schöpferischen Intensität wie überall in dei-

nem Leben.
Doch hüpfe nicht gleich aus dem Bett, um dem Abenteuer Erotik auszuweichen. In der Meinung, du könntest die Liebe ja auch an anderen Stätten kosten. Wer über Liebe *nur* nachdenkt und sie *nur* seelisch fühlt, ist ein *Unhold*. Ein Mensch aus Fleisch und Blut verschmilzt mit der Liebe an allen Orten – auch auf der körperlichen Ebene.

> Wer nicht vögelt
> mißbraucht die Liebe

Sei scharf auf knusprige Schwänze, auf flaumweiche Felle, auf knackige Ärsche, auf feurige Lippen, auf proppenvolle Eier, auf schlaffe wie straffe Brüste und rammle wie ein Kaninchen. *Bums! Bums! Bums!*
Bumsen ist echt schöpferisch. Wer sich im Bett dem Bumsen verweigert, hat sich *sofort* als ein potentielles Kriegsschwein entlarvt.

> Was haben eine Möse und eine Kanone gemeinsam?
> Was unterscheidet sie?
> Gut bumsen können beide,
> doch die eine ist das Tor des Lebens,
> die andere ist der Schlund des Todes.

Ent-scheide dich! Solltest du ohne Scheide sein (was ganz schlimm ist – Vaginaneid!), so ver-herr-liche wenigstens dein Glied, und du stehst im Militär nicht mehr im Glied. In unserer Sprache bedeutet der Spruch »Das Schwert in

die Scheide stecken« Frieden schließen.
Mann, was für ein Schwert erhebst du und von welcher Scheide läßt du dich verlocken?
Weib, was für eine Scheide befeuchtest du und welches Schwert umschlingst du?

Gewaltige Energien schlummern in jedem Menschen. Er kann diese Energien unter anderem in der körperlichen Liebe freisetzen. Wenn er sie verdrängt, werden sie in verheerende Aggressionen umgewandelt.
Der ausverschämte Mensch vergöttert die Sexualität ohne Zucht. So benötigt er kein Militär: Sein elfter Finger steht am Abzug. (Das Weib ist auch mit einem elften Finger geschmückt: dem Kitzler. *Bums!)* Im Gegensatz dazu wütet der Soldat; zusammen mit einer Kanone bumst dieser unmenschliche Held, um seinen verkümmerten Mann aufstellen zu können. Frust und Gewalt liegen dem Kanonenficker näher als Liebeslust.
Bei den alten Griechen straften (strafften?) Frauen ihre kriegslüsternen Männer und sich selbst mit Liebesentzug. Mit Recht! Man darf doch nicht an zwei so verschiedenen Orten gleichzeitig bumsen.
Oder?
Bums! Bums!
Oh, man darf alles.

Menschen *explodieren,* wenn sie den Kraftausdruck »Bumsen« hören. Die wenigen, die noch fähig sind, Sinnlichkeit bewußt zu genießen, stören sich fast alle an dem Wort »Bumsen«. Gleichermaßen stoßen sich die vielen, die in ihrer Verklemmtheit unbewußt dahindarben, am »Bumsen«.
Werde störungsfrei – die Liebe ist es. *Bums!*
Bumsen erinnert an den Tod (Krieg) und an die Zeugung (Sexualität). Unsere entwurzelte Gesellschaft wirft mit dem Wort »Bumsen« Krieg und Liebe in denselben Topf,

ohne ihre Verknüpfung bewußt wahrzunehmen.
Jenseits unserer Gesellschaft sind Bumsen und Lieben unaufhörlich ein Liebespaar. Der Urknall war ja auch ein Akt der Liebe, und wie es damals gebumst hat!
Erinnerst du dich nicht mehr daran?
Öffne deine inneren Ohren!
Bums!
Dieser Knall freilich war kein verspätetes Echo des Urknalls, vielmehr eine Ankündigung:

>Liebe und bumse alles
>was dir so über den Weg hopst
>sonst wird dich der Endknall
>schallend und knallend
>durchbumsen

Unterdrückte Sexualität führt auf das Schlachtfeld und läßt noch viele andere blut(t)-rünstige Blüten aufkommen: Die »lieben Tierbesitzer« zum Beispiel – wer liebt, besitzt nicht – sind Eunuchen. Nachdem sie ihre Sexualität unbewußt verteufelt haben, kastrieren sie sich symbolisch, indem sie diese Kastration bei ihren Tieren vollziehen.
Wer hat nicht schon eine hundsgemeine Dame ertappt, als sie einen wildfremden Hund schändete, indem sie ihm ganz hundsmiserabel die Oberschenkel streichelte? Diese Geilheit, dämlich und hündisch wie sie nun einmal ist, lechzt selbst nach Streicheleinheiten, und ein dahergelaufener Hund befriedigt sie mehr als die nicht-hundertprozentigen Männer. Ein Tier zu liebkosen ist eine sexuelle Variante; nun bist du so richtig tierisch. Doch versuche dabei nicht deine furztrockene Vulva zu befeuchten! Das Tier könnte dies wittern und einen Artgenossen vorziehen.

Witzfiguren, die in ihrer sexuellen Verzweiflung sich gar selbst zer-glied-ern, sind heute immer noch in Mode. Ihr Glied aber werfen sie nicht einfach weg. Am Hals bammelt jetzt ihr Riemen. Hänge dich an deiner Krawatte auf oder sei endlich ein Mann!
Die Ehe kommt einem Puff gleich. Frau wie Mann sind darin Hure und Freier zugleich. Bei der Heirat wie bei der Scheidung entrichten sie ihren Preis; dazwischen stöhnt die gekaufte Liebe; und der Staat waltet als Zuhälter.
Andere wiederum wollen zwar *Liebe machen,* um jeden Preis. Doch es gelingt ihnen nicht. *Liebe* ist nie machbar — sie *ist*.

Nirgends wird frei geliebt. Der verkrampfte Mensch bettet sich an allen Stätten nachlässig: Er verseucht die Natur, und zum gerechten Ausgleich wird er von der Schulmedizin verpestet. Ohrenzerreißend bumst der Ehemann im Militär, und schweigend knabbert die nicht berücksichtigte Ehefrau an ihren Fingernägeln. Er verabscheut Verbrechen, und zugleich bestaunt er sie auf dem Bildschirm. Steht die Ampel auf Grün, rast er los; und sollte er dabei jemanden umlegen, mimt er den Unschuldigen.
Die Menschen sind aus der Einheit des Seins herausgefallen, und in der Zweiheit auf der Erde wichsen sie sich in allen Bereichen nur noch einen ab. Doch nicht einmal als fähige Wichser sind sie hochgekommen: In ihrer verkümmerten Selbst-be-fried-igung in allen Lebensbereichen erlangen sie keinen Frieden mit sich selbst. Im Bett hätten sie nochmals eine göttliche Chance, sich mit dem Sein wiederzuvereinigen.
Was aber treiben sie dort?
Schon wieder wichsen sie sich einen ab!
Wie könnten sie auch anders?
Wer nicht ganzheitlich denkt, fühlt und handelt, ist auch im Bett eine Niete. Vagina und Penis wollen zwar immer noch ihre Nummer schieben, doch Seele und Geist des

Menschen haben die Liebeslust resigniert hintangestellt.

Jedes Tier ist *dein* Lehrmeister! Lusterfüllt versenke dich in die Geilheit. Vollkommen tierisch abfahren auf körperliche Lust und konzentriert sein auf Loch und Ständer ist nämlich vom Feinsten. Das ist ein fabelhafter Anfang, um dein frömmelndes Ego zu zerzausen. Wer sein inneres Tier nicht zuläßt, ist ein feiges Schwein! (Das gilt nicht nur für den Esoteriker. *Bums!)*
Lassen wir jetzt unsere Wichser der Gesellschaft und die des Wassermannzeitalters in ihrer Vorstufe der Selbstbefriedigung − und folgen wir der Stimme der Natur.

Entschlüpft dem Moloch und entpuppt euch zu Lustmolchen. Weib und Mann, entfesselt euch! Weib, benetze deine Lippen. Mann, fülle deine Tüte. *Bums!*
Oder auf gut esoterisch geflüstert: Schloß, rufe den Schlüssel. Schlüssel, öffne das Schloß − *zum Paradies.*
Weil das alles so wundersam klingt und wir *nie* aus dem Staunen herauskommen sollten, machen wir es gleich noch einmal:
Laßt euch ran! Schleppt euch ab! Legt euch aufs Kreuz! Vernascht euch! Verschmaust euch! Gebt euch hin! Bumst euch durch, so wie es GOTT gefällt (GOTT kennt kein Mißfallen!). Bürstet zusammen, solange bis sich die Sterne vom Firmament lösen und sie auf die Erde niederbumsen. Hopst in die Vergangenheit und hopst in die Zukunft. Vögelt euch zurück in die Steinzeit und vorwärts ins Jahr 6666. (Hast du Angst vor AIDS? Schade für dich!) Vereinigt Raum und Zeit. Stoßt euch ins Hier und Jetzt. Beschenkt euch! Orgelt und geigt hinein ins Paradies. Blast euch in die Ewigkeit. *Aufgepaßt!* Der Orgasmus wird gleich vorbeirauschen.
Kommst du jetzt oder kommst du nicht?
Mit Lust und Spaß kommst du immer!
Bums!

Paare dich mit – allen Kindern, allen Frauen, allen Männern, der Fliege an der Zimmerdecke, dem Krokus am Wegrand, der Schwalbe auf dem Dach, der Spinne unter dem Bett, den Erdbeeren im Garten, der Dogge im Park. Paare dich mit allem und jedem, um zu einem neuen Wesen zu verschmelzen.
Irgendwelche Probleme?
Du bist halt noch am Wichsen!

Der Orgasmus, der dir das Ego entreißt, gedeiht nicht nur im Schlafzimmer.
Bist du immer noch scharf?
Entschärfe dich weiter; hopse aus dem Bett und bewohne die Sexualität überall.
Alles ist sexuell. Die Polarität ist die Antriebsfeder der Sexualität. Mann und Weib können sich vereinigen; sie wie alle anderen Gegensätze können miteinander eins werden. Böse und gut, häßlich und schön, alt und jung, Haß und Liebe, Bürgertum und Anarchie, Realität und Phantasie, Völlerei und Hunger, Armut und Reichtum, Leben und Tod – einfach alles kannst du in die Mitte rein-tun, wo der Ursprung allen Seins entspringt.
Das ist Sexualität.
Sexualität sprießt überall: Begieße Pflanzen. Gehe mit einem Hund spazieren (und gib acht auf seine Lust!). Begrüße einen Spatz. Bereite dir einen Tee zu. Gehe Steine sammeln. Amüsiere dich in der Kneipe. Drehe einen Joint. Fahre Auto (das ist kein Witz). Gehe pissen. Staune an der Tramhaltestelle. Wasche deinen Körper. Streichle einen fremden Menschen (jede Körperstelle freut sich). Laß dich von der Sonne küssen. Lach den Regen an. Schluchze über die Erde. Überall und immerzu kannst du von der Liebe des Seins befruchtet werden.
Das ist Sexualität.

»Ist Erotik ein Allerweltsmittel?«

Nein!
Sie ist die bezauberndste Illusion in dieser nüchternen Welt.
Bums!
»*War jetzt dieses Bums schicklich und gehörig?*«
Bums!
Nun lassen wir unser Bumsen verhallen, verlassen die Sexualität und paaren uns mit der nächsten Schublade.
Bums!

        Staunt und verschenkt euch ohne Scham
                Ihr wünscht es so

Esoterik

Je absurder eine Wahrheit klingt
desto mehr horche sie aus

Esoterik steht in krassem Kontrast zur Naturwissenschaft. Wer sich mit ihr liiert, zieht seine Erkenntnisse nicht länger aus einer inhaltslosen Weltanschauung, in der die äußere Welt zergliedert und geordnet wird. Lieber beruft er sich auf die innere Welt, in der die bunte Vielfalt des Lebens in Harmonie schwingt. In der Hoffnung, daß ihm hier der Ursprung, die Einheit, der Schöpfer begegnet. Bevor er aus der schöpferischen Welt der Ideen und des Einfalls schöpfen kann, muß er erst einmal alle gesellschaftlichen Denkweisen zurückweisen. In der Esoterik sind andere Gesetze gesetzt als in der bürgerlichen Gemeinschaft.

Eines der esoterischen Gesetze lautet: *Es gibt keine Zufälle.* Fällt dir zum Beispiel ein Dachziegel auf den Schädel, ereignet sich dieser Vorfall nicht zufällig. Vielmehr stellt er eine wohlgezielte Entsprechung deiner verfehlten Lebenssituation dar. Der Dachziegel zeigt dir treffend an, wo und wie du dich auf deinem Lebensweg vergaloppiert hast. Es ist dein Dachziegel, den du verdient hast. Bedanke dich bei ihm!
Voller Entsprechungen ist das Leben. Was sich auch immer auf deiner Lebensbühne abspielen mag – es entspricht dir. Schwelgst du dabei im Hier und Jetzt, steckst du in allen Gleichnissen mittendrin. *Zufälle* sowie *Ursachen* und ihre *Wirkungen* schließen sich hier zu einem unsagbaren *Gleichnis* zusammen.

Demnach bleibt die *Kausalität* ebenfalls von der ewigen Gegenwart ausgeschlossen. Willst du nämlich für irgendein Geschehen eine Ursache zur Verantwortung ziehen, mußt du die Vergangenheit be-rück-sicht-igen. Im Hier und Jetzt erblickst du den Augenblick!
Der Mann von der Straße hingegen kriecht neben dem Sein. Somit ist er gezwungen, sich Erklärungen über sein Dasein auszudenken, um sein Leben zu verstehen. Kann er ihm zufallende Lebenssituationen in sein Denken nicht mehr einordnen, weicht er elegant auf den Zufall aus.
Verbündest du dich mit dem Hier und Jetzt, ruhst du zeitlos mittendrin im Leben. Augenblicklich steht dir für irgendwelche Erklärungen *keine Zeit* mehr zur Verfügung. Und was *zeit-igt* jetzt den Zufall?

Möchtest du weiterhin in die Esoterik eingeweiht werden? Erinnere dich an das folgende Gesetz:
Alles ist mit Allem eins. Hierfür mußt du die Polarität überwinden, um wahrzunehmen, daß alle Gegensätze wie schlecht und gut, hell und dunkel, Mann und Weib dasselbe sind. Verabschiede dich von deiner vergänglichen Scheinwelt! Empfange deinen jetzigen Augenblick! Im Hier und Jetzt sind alle Wertungen aufgehoben. Im Sein – wo du ursprünglich allezeit sein solltest – ist alles gleichwertig. Wer es sich anmaßt zu urteilen, was schlecht und was gut sein soll, bekommt nie eine Chance in unserer Schöpfung mitzufeiern.
Das Gute und das Schlechte sind keine absoluten Werte. Sie sind wie deine Ansichten einem steten Wandel unterworfen. Vor fünfundvierzig Jahren hast du Hitler angehimmelt, und heute schämst du dich dafür in den Boden. Vor dreihundert Jahren hast du die Hexen eingeäschert, und heute möchtest du als Hexe auferstehen. Als kleiner Junge warst du vom Militär fasziniert, und heute stehst du als Kriegsdienstverweigerer vor Gericht. Gestern noch hast du eine Wurst geklaut, und heute bist du überzeugter Ve-

getarier.
Wie diese Beispiele veranschaulichen, kannst du zwischen schlecht und gut immerzu hin- und herpendeln, damit du fleißig vorankommst auf deinem Weg zur Vollkommenheit.
Warum machst du keinen Ausflug ins Hier und Jetzt?

Jetzt setze ich noch ein anderes Gesetz, damit du an der Esoterik noch mehr Gefallen findest. *Jedes Wesen ruft sich selbst ins Leben.* Selbstverantwortlich ist es für seine Geburt und seinen Tod. Dieses Gesetz setzt sich über jedes irdische Gesetzbuch hinweg. Sowohl Opfer als auch Täter haben sich *(meistens unbewußt!)* immer gegenseitig ausgesucht. Beide finden durch ihre gemeinsame Tat ihre ihnen entsprechende Lebenserfüllung. Diese Tatsache gilt ebenso für jeden abgetriebenen Embryo wie für die Juden im Nazireich!
(Hoppla! »*Der Moser ist ein Nazi!*« – ? – Wer Hitler *und* Juden nicht achtet, mißachtet sich selbst.)
Der Tod wird in unserer mörderischen Gesellschaft bewußt verdrängt. Dadurch wird sie vorangetrieben, unbewußt dahinzumetzeln, wie das in der Schulmedizin und im Straßenverkehr Tag für Tag geschieht. Läßt du dich aber von einem Opfer rufen und bringst du es verantwortlich um, wirst du vom bürgerlichen Pack verurteilt. Obwohl du jedem Menschen einen Liebesdienst erweist, wenn du ihm hilfst, ins Jenseits hinüberzusegeln. Denn an einen mißlicheren Ort als in unsere Gesellschaft kann er nach seinem Tode wahrhaftig nicht gelangen.
Sehr wohl ist mir bekannt, daß das Töten nicht in dein christliches Weltbild paßt.
Doch ist Tod und Geburt nicht ein und dasselbe?
Hättest du damals das Jenseits nicht verlassen wollen, wärst du niemals im Diesseits angekommen! Stimmst du dem grundsätzlich zu, aber meinst du, daß letztlich nur GOTT richten darf, wer sterben und wer leben soll? So laß

dich fragen:
Wer bist DU?
Weißt DU nicht mehr, wer DU bist?
Erinnere DICH.

Das ist Esoterik.
Gefällt sie dir?
Gut!
Belächelst du sie?
Auch gut!
Noch etwas anderes habe ich da mitgebracht; die unterhaltsame Schublade der übersättigten Esoteriker, der Jünger des Wassermannzeitalters. Sie sind Hanswürste erster Qualität, auch wenn sie keine Würste verschlingen. Eine solch geballte Ladung Gift erträgt ihre vermeintliche Reinheit nicht. Dafür konsumieren diese Rohlinge viel Rohkost. Und fleuchten sie in ihrem letzten Leben noch als Huhn umher, so picken sie jetzt gackernd immer noch ihre Körner auf, auf daß es in ihren Gehirnen anfange zu keimen.
In ihrem ewigen Kampf mit dem Guten und dem Bösen haben sie sich stark erhitzt: Ihre Köpfe glühen wie Kohlen im Feuer, das jetzt in der Hölle für das Jüngste Gericht angefacht wird. Diese Leuchten sind nicht erleuchtet. Sie haben sich bloß mit Papier-Weisheiten vollgestopft. Vom Weisheitsfieber arg geschüttelt, irren sie mit fiebrig glänzenden Augen von einer Weisheit/Krankheit zur nächsten. In ihren gescheiten Köpfen wissen sie alles. Allerdings sind sie in der Anwendung ihres Wissens allemal hilflos wie Nymphomaninnen im Kloster.
Glück, Freude und Liebe bleiben ihnen im profanen Leben versagt. Deshalb stürzen sie sich auf die geistige Welt, in der sie gleich noch einmal versagen.

Sinn der Esoterik ist es, all-umfassendes Bewußtsein zu vermitteln. Wendest du die Esoterik an, wirst du ein ver-

söhnlicher Mensch, der sich mit allem ausgesöhnt hat. Nun bist du Weib und Mann, Säufer und Asket, Nymphomanin und Nonne, Schmetterling und Blume, Feuer und Wasser, Spatz und Adler zugleich. Einfach *überallhin* schwebst du. Gehst du auf im kosmischen Bewußtsein, kannst du dich mit Schnitzel, Pommes frites und Konservenkost verköstigen; ebensogut kannst du gar nichts essen und dich nur an Wasser laben. Jetzt kannst du die Rolle des Bankdirektors und die des Punks durchspielen. Als Äbtissin kannst du heute ins Kloster stolzieren und morgen schon einen Esel vernaschen.
Bums!
»Ist das mit dem Esel pervers?«
Nicht unbedingt. Aber Pommes frites in sich reinziehen, als Bankdirektor brillieren oder Katholik sein ist nicht minder pervers. Ein ganzer Mensch darf alles tun und gleichermaßen alles sein lassen – auch den gefuckten Esel.
Schotte dich vom Profanen nicht ab. Profan bedeutet weltlich und unheilig. Der verlorene Sünder fürchtet sich noch vor dem Unheil, das er im Weltlichen zu sehen glaubt. Der Heilige verehrt alles.

Im Gegensatz dazu orakelt der Esoteriker, was er unbedingt durchführen und auf alle Fälle unterlassen muß. Nichts einzuwenden habe ich gegen Rohkost, Astrologie, Positivdenken und sonstige Spielereien. Eine Zeitlang bilden alle esoterischen Lehren eine lehrreiche Weiterbildung. Mit ihrer Hilfe durchschaust du, wie unser mechanisches Weltbild nur eines von vielen möglichen Bildern der Welt darstellt.
Halte Rückschau nach deinen früheren Leben, und wortwörtlich wirst du sehen, wie du für dein ganzes Dasein selbst-ver-antwort-lich bist.
Hole die Astrologie vom Himmel, und sie wird dir das Gesetz »wie oben so unten« beibringen.
Sprich mit den Toten, und du wirst das Jenseits enthüllen.

Schwinge dich empor zum Magier, und gleich wirst du kopfvoran in die Tiefe sausen.
Verleibe dir kein Fleisch ein, und du wirst nicht mehr tierisch sein.
Denke immerzu positiv, und schlechthin wirst du gut.
Je wachsamer du die esoterischen Lehren anwendest, desto schneller wirst du diese Spielchen hinter dir lassen, weil du die Täuschungen deiner esoterischen Taten aufgedeckt hast: *Alles nur Illusionen!* Auch Esoterik täuscht dich.
Das hat dem erlauchten Esoteriker noch gefehlt, daß gerade seine Esoterik auf Illusionen fußen soll. Zwar ist jeder Esoteriker bestens darüber informiert, wie die irdische Welt von Illusionen getragen wird, daß aber seine geistige Spielwiese auch auf Illusionen beruht, geht ihm eindeutig zu weit.

Das verborgene Spiel mit den Illusionen rollt dir auf allen menschlichen Bewußtseinsstufen entgegen. Sage einem Mistschlucker, sein profanes Leben sei Illusion. Gallig würde er wiehern und dich einen Esel schimpfen. Bockig hält er sich an seinem Mistkübel fest. Zu widerborstig ist er, die Scheinwelten seiner sumpfigen Welt zu entmisten. Ließe der Mistologe in seinem Miststock das profane Leben aus seinen Krallen gleiten, würde ihm ein duftiger Reigen voller Illusionen entgegenspringen.
Verabschiedete der Esoteriker seine esoterischen Lehren, würde er von den Täuschungen der geistigen Welt begrüßt werden.

Merke:
Esoteriker zu sein ist gefährlicher als Schlittschuhlaufen.
Auf dem Glatteis des Wassermannzeitalters
fliegst du fortwährend auf die Nase,
ohne dabei zu spüren,
daß du auf dem Boden langliegst.

Die esoterischen Lehren können dir vorübergehend beispringen. Über ihre Anwendung erahnst du unseren Ursprung. Hier entspringt die schöpferische Welt des Seins. Hängst du allerdings in den esoterischen Lehren herum, bist du bloß ein geistiger Anhänger der schöpferischen Welt. Wenn du dir überlegst, was der Sinn des Lebens ist und wie er im Alltag umzusetzen sei, und selbst, wenn du fähig bist, dies alles nachzuvollziehen, so kannst du nie in den Ursprung springen. Du bleibst ein Theoretiker des Seins, ohne dir dessen bewußt zu sein.
Erst dann, wenn du von *allem* abspringst, bist du sprungbereit, um in den Ursprung zu springen. Ganz einsam und allein mußt du hineinspringen – mitspringen lassen darfst du nichts. Bist du gesprungen, wirst du sprunghaft über alle Wahrheiten lächeln. Vor dem Bildschirm, auf der Gasse, auf dem Fußballfeld, im Supermarkt, in der Disco, beim Essen – einfach überall feierst du alleinig das Sein.
Bist du jetzt verwirrt?
Dann bist du noch nicht gesprungen.
Springe!

»Springe«, rufe ich dir zu.
Doch du springst nicht!
Weshalb springst du nicht?
»Ich habe Angst!«
Unsere Antwort aus dem Hier und Jetzt: Starte noch einmal ganz von vorne; werde ein Kind und *staune!*

Befreiung von Krankheit

Wer nicht sterben will
merkt nicht
daß er lebt

Wie du schon zur Genüge erfahren und durchlitten hast, ist unsere Erde die Leichenhalle des Universums. Allenorts wuchern die tödlichen Krankheiten unserer Gesellschaft, die dich allseits und jederzeit bedrohen und quälen können. Trotz allem ist es für dich sehr wohl möglich, dich von ihrem Kranksein abzuheben, ohne daß du dabei gleich den großen Erleuchteten spielen mußt.
Solltest du selbst erkranken, stehst du dann auch so erhaben über deinem Kranksein?
Entweder hast du dich mit der Gesellschaft und deinem Leib versöhnt, oder du verfluchst eben beides. Aber mit unserer siechenden Gesellschaft einverstanden sein und sich gleichzeitig über seine verschnupfte Nase erhitzen – in diesem Lauf fließt der Fluß des Lebens nicht. Oder? (Du hast nur einen Körper: deinen Leib und unsere Umwelt.)
Wer steht dir zur Seite, wenn du selbst erkrankst?
Bestimmt wird dir gleich von allen Seiten beigesprungen. Der Schulmediziner, der Naturheilarzt und der Esoteriker, sie wissen ja alle grandios Bescheid, wie man gesund wird. Wer von ihnen kommt deiner Persönlichkeit am nächsten und kann dir deshalb beistehen?
An wen wendest du dich jetzt?

Um dieses Tohuwabohu zu entwirren, beginnen wir ganz von vorne und checken ab, wie sich Otto Mistverbraucher im Krankheitsfalle verhält. Diese Gestalt kann ihre innere

Welt, die ihren Körper formt, nicht bewußt kreieren. Deshalb ist für ihn Krankheit ein elender Zufall, und sofort möchte er dieses Übel aus seiner mistigen Welt bannen.
Fragst du ihn, wieso er krank ist, wird er dich unterrichten, ob er für seinen Mist den lieben Gott oder die böse Umwelt für schuldig erklärt. Der Mistbürger ist ein Hosenscheißer: Vor der Selbstverantwortung für sein Dasein drückt er sich. Er kämpft mit den absurdesten Mitteln, um sich seines Krankseins zu erwehren: Er schluckt chemische Pillen, die mit Sicherheit nicht heilen, sondern sein inneres Kranksein noch vertiefen. Unbesonnen läßt er sich bestrahlen und operieren; damit seine Frustrationen über sein verstümmeltes Leben dauernd gefüttert werden können.
Jedenfalls flüchtet der Bürger mit seiner Krankheit zur Schulmedizin. Hier begießen Masochist und Sadist ihr bluttriefendes Stell-dich-ein. Obschon der leidende Patient ahnt, daß ihn der Schulmediziner nicht heilen kann, verdrängt er diese augenfällige Tatsache.
An wen sonst sollte er sich wenden?
Sein Leitbild ist doch die Verlogenheit unserer Gesellschaft. Hierbei unterstützt ihn die Schulmedizin schrecklich gern, damit er seine Lügen aufrechterhalten kann und er ihr nicht untreu wird. Das Verflixte an ihm ist, daß er gar nicht wissen will, wie er immerzu angelogen wird – auch von sich selbst.
Sorge dich nicht um sein momentanes Ungemach. Der Tag wird kommen, wo auch das letzte Lamm wieder im Paradies weiden darf.
Bist du entsetzt, wie unsere mechanistische Gesellschaft das Kranksein flickt?
Wurdest du vom schulmedizinischen Wichsertum noch nicht umgelegt?
Dann wandle weiter auf deinem kranken Weg zur Gesundheit.

Nun bitten wir den Esoteriker um Auskunft; vielleicht weiß

der Bescheid, wie mit dem Kranksein zu verfahren ist. Der Esoteriker nämlich ahnt im Unheil einen Sinn. Er meint, das Kranksein müsse gedeutet werden, um heil werden zu können. Der Esoteriker fragt sich: *Warum* bin ich krank? Notgedrungen findet er viele Erklärungen, die ihm Antworten liefern. Angenommen, er leidet heute an einer Feuerphobie, würde er hineingeheimnissen, daß er auf dem Scheiterhaufen einmal verbrannt wurde.

Wer den Sinn des Lebens durch Fragen nach dem Warum ergründen will, lallt im Säuglingsalter der Weisheit. Lebst du halbwegs ganzheitlich, stimmt dein Geist mit deinem Leben überein; dein Verstand benötigt *kein* Warum mehr zur Verständigung. Indem du nach dem Warum hirnst, kannst du zwar fantastische Hirngespinste spinnen und diese zu weisen Antworten hochjubeln, doch gesunden wirst du nicht. Das Gesund-sein wie auch das Krank-sein kann nicht im Kopf erschaffen werden; es quillt aus dem Sein.

Nachdem der erkrankte Schöngeist über Gott und Weisheit viel nachgedacht hat und 49 mal (7 x 7) beschwörend, aber vergebens »Es geht mir immer besser und besser« gewimmert hat, stürzt er sich auf die Naturheilverfahren. Können ihm die Naturheiler nicht weiterhelfen, so flüchtet er mit seiner Krankheit zuletzt wieder zur Schulmedizin. Obwohl er weiß, daß er jetzt erst recht eins auf den Deckel bekommt.

Das ist der in alle Geheimnisse eingeweihte Esoteriker. Bestenfalls empfindet er das Kranksein als einen zeitweiligen Freund für seine Weiterentwicklung, der gefälligst bald verduften soll. Des Schöngeistes oberstes Ziel ist es, sich endgültig vom Unheil zu befreien. Gerade deshalb scheitert er immer wieder an seinen halbgeistigen Heilversuchen.

Sobald es dir gelingt, dich vor den Klauen des spinnenden Esoterikertums in Sicherheit zu bringen, wende dich der Weisheit zu − sie wohnt in dir selbst.

Auch der Weise kann krank sein, und er bemüht sich nicht mehr um das Gesundsein. Was aber nicht heißt, daß er vor dem Leben resigniert hat. Er ist der Inbegriff des Lebens. Alles spielt er voll durch. Der Weise ist eins mit dem Gesundsein und Kranksein. An seiner äußeren Welt (seinem Leib und seiner Umwelt) stört ihn nichts, weil er mit seiner inneren Welt in Frieden lebt.
Von der Schulmedizin könnte er sich mit Giftpillen beschießen lassen und dabei lächeln über seine eigenen Torheiten. Ohne Schiedsrichter spielt er mit seinen Rollen – Weisheit kennt keine Fouls. Der Weise weiß, daß jede Sicht über die Schulmedizin Wahrheit und Täuschung zu gleichen Teilen beinhaltet. Jeder soll doch seinen Illusionen nachhüpfen können! Der Weise würdigt die Schulmedizin. Denn er sieht, wo so viel Finsternis herrscht, kann das Licht wohl nicht mehr fern sein.
Der Weise erinnert sich im Hier und Jetzt, daß er vor seiner Geburt zur irdischen Welt ja sagte und sich in dieses Chaos hineingebären ließ. Er erkennt an, daß das irdische Leben die Manifestation der Zweiheit ist und daß diese Welt der Gegensätze Heil wie Unheil birgt.
Laß dich berühren vom Unheil!
Wie sonst könntest du sterben?
Und heimgehen möchten wir alle einmal.
Der Weise weiß sich eins mit dem irdischen Chaos. Davor braucht er sich nicht mehr abzuschirmen. Wie könnte er bloß so läppisch sein und fragen: Wie befreie ich mich von Krankheit? Er lebt das Gesundsein im Kranksein wie das Kranksein im Gesundsein. Er gewinnt im Sein, wo sich die Gegensätze ins Nichts verflüchtigen.

Schulmedizin, Naturheilverfahren, esoterische Heilversuche und sonstige Weisheiten, sie alle sind ihre Erfahrungen wert. Doch niemals wirst du durch sie ganz geheilt.
Andererseits wirst du vielleicht von einer Krankheit geplagt und fluchst: Verdammt noch einmal, trotz allem will ich in

einem gesunden Körper wohnen. Gut! Bemühe dich darum. Jage von einer Illusion zur anderen. Suche und kaufe deine Gesundheit in der Schulmedizin, in den Naturheilverfahren, in der Homöopathie und in den esoterischen Heilverfahren. Dabei kannst du dich fortlaufend von ihren Scheinerfolgen blenden lassen. Solange du in diesem Labyrinth umherirrst, werden dir immer wieder neue Wahrheiten entgegenhoppeln, die dir vorgaukeln, sie könnten dich heilen. Das Licht jeder Wahrheit wird einmal verlöschen, und zum Vorschein kommt der Schein.
Rennst du immerzu der Gesundheit nach, wirst du nie gänzlich krank und nie völlig gesund werden. Lebenslänglich wirst du lauwarm bleiben!

Eine andere Lebenseinstellung: Bejahe das ganze Leben ohne wenn und aber. Dein Dasein ist nun einmal heiß und kalt – auch in der Ausgeglichenheit des Seins. Jede irdische Wesenheit ist gesund und krank zugleich. Versuche nicht, diese Lebensqualitäten zu ändern. *Lebe sie aus!* Leuchte ohne Gnade dein dunkles Kranksein aus, denn über diesen Pfad erklimmst du den steilen Weg zur Gesundheit. Genießt du die Gegensätze und Widersprüchlichkeiten des Lebens in vollem Ausmaß, wird dich unser Sein beschützen.
Fest-est du im Hier und Jetzt, kannst du auch krank werden; dennoch wirst du dich immer besser fühlen als die lauwarmen Kranken, die sich einbilden, gesund zu sein.

Bist du jetzt enttäuscht?
Zwar möchtest du nicht mehr lauwarm dahintröpfeln, doch in der Brandung des Hier und Jetzt ersäufst du fortwährend.
Oder hegst du vielleicht noch eine vage Hoffnung auf ein Leben ohne Schmerz und Krankheit?
Vergiß es! Du schwelgst nicht immer im Paradies! Solange du mit den Füßen unsere Erde umarmst, kannst du dem

Kranksein und dem Tod nicht davonlaufen. Keiner wäre je so töricht zu fragen: »Wie befreie ich den Tag von der Nacht?« Die Nacht ist ein zwingender Teil des Tages. Wäre die Nacht nicht verdunkelt, könnten wir das Tageslicht nicht als hell erkennen.
Unsere irdische Welt ist polar. Wo schwänge unser Lebensrhythmus, wenn in ihm keine Gegensätze herrschten? Gesundsein und Kranksein sind ein ebenso untrennbares Paar wie Mann und Weib, wie böse und gut, wie Schmerz und Freude, wie Tod und Geburt.
Wo jauchzte die Wollust des Mannes ohne Weib? Wo juchzte die Wonne des Weibes ohne Mann?
Wohin entschlüpfte das Böse, wenn es das Gute nicht mehr narren dürfte? Wohin verirrte sich das Gute, wenn es das Böse nicht mehr küssen dürfte?
Wo seufzte der Liebeskummer ohne Liebesfreude?
Wo erwachte das Leben ohne Tod?
So ist auch das Krank- und Gesundsein auf unserer Welt nicht voneinander zu scheiden.

Ich biete dir keine neuen Rezepte an, um in dir Hoffnungen zu wecken, wie du für immer gesund werden könntest. Offensichtlich birgt die Naturheilkunde den Vorteil, daß sie einen natürlichen Gegenpol zur künstlichen Schulmedizin darstellt. Mußt du dich entscheiden zwischen der schulmedizinischen Kunst und der Naturheilkunde, so bevorzuge allerwege das Letztere. Obwohl auch die Natur nicht allemal heilt, aber wenigstens richtet sie kaum Schaden an. Die esoterischen Heilverfahren weisen auch einen Weg: Wer meint, er könne zum Beispiel mittels Autosuggestion seine Seele bezwingen und dabei gesund werden, der soll sich dieser wilden Illusion brav hingeben. (Die Seele sprudelt aus der Quelle des Seins, sie läßt sich nicht beherrschen.) Oder wer glaubt, er brauche nur sein Kranksein zu deuten, diese Deutung in seinen Alltag umzusetzen und schon sei er gesund, der soll nur so weitermachen.

Jede Illusion hat solange ihre Berechtigung, wie man spekuliert, sie sei Wirklichkeit.
Das Gefährliche aller Behandlungsmöglichkeiten ist folgendes: Sie können dich derart verschaukeln, daß du glaubst, sie hätten dich tatsächlich geheilt. *Was für ein Reinfall!* Bist du reif für ein vorübergehendes Gesundsein, dann »hilft« *jede* Arznei. Der kranke Mensch meint, Krankheit wie auch Gesundheit könnten einfach aufgelesen werden. Seine einzige Aufgabe bestehe nur darin, das richtige Medikament oder den richtigen Spezialisten zu finden. So viele schulmedizinische Fachidioten, so viele begabte Naturheilärzte und so viele senkrechte Esoteriker tanzen auf unserer kranken Weltbühne, und dennoch bleiben die Menschen auf ihrem Kranksein hocken.
»Ein Gesunder ist ein nichtwissender Kranker.«

Diese Schublade läßt nicht locker, keinen Fingerbreit weicht sie. Standhaft lehnt sie es ab, sich den Anstrich zu geben, sie vermöge dich zu heilen. Sage ja zum Kranksein! Du bist unheil. Unabhängig davon, ob du im Moment ja oder nein schreist.
Bist du überrascht?
Wolltest du nicht erfahren, wie du dich vom Kranksein befreien kannst?
Hier wirst du nicht angelogen! Solltest du enttäuscht sein, dann hat diese Schublade ihren Zweck erfüllt: Vor kurzer Zeit pflegtest du noch die Illusion, daß du dich vom Kranksein befreien kannst. Doch deinem Hunger nach Quacksalberei wurde kein neues Scheinfutter verabreicht. Weder eingeseift noch geschmeichelt wurde dir hier.
Im Gegenteil:
– Herrschen die Schulmediziner. Sie heucheln immer noch: Wir helfen dir.
– Wirken die Naturheilärzte. Sie glauben immer noch: Die kranke Natur heilt.
– Wüten die Esoteriker. Sie liegen immer noch flach in

der Hölle und meinen dabei: Wir stehen aufrecht im Himmel.
Solange der Mensch seine Lebenshoffnungen nur durch Schwindel und Bauernfängerei aufrechterhalten kann, werden Schulmedizin, Naturheilkunde und die esoterischen Moden ihren Triumphzug weiterführen.

Befreiung von Krankheit ist eine Illusion!
Am Anfang dieses Kapitels schien dieses Versprechen Wirklichkeit, und jetzt entpuppt es sich als eine Täuschung. Du bist getäuscht worden! Ahme nach: Enttäusche dich selbst, bevor du getäuscht wirst.
Eine Täuschung ist: Du könntest eine spezifische Arznei finden, die dich zu heilen vermag. Entdecke dich selbst, und nichts bleibt mehr zu finden übrig.
Eine andere Täuschung ist: Gesundsein sei gut und Kranksein sei schlimm. Wer so fühlt, ist lauwarm. Er akzeptiert weder Glück noch Unglück. Löse dich jetzt endgültig davon, das Kranksein negativ zu sehen; betrachte es vielmehr als *ein Negativ*.
Eine letzte Täuschung ist: Jeder meint, daß er die Wahrheit gefressen habe und die anderen noch an einer Illusion lutschten. Der Schulmediziner lehrt: Meine Medizin heilt, und Naturheilverfahren sind im Ernstfall nicht zu gebrauchen. Der Naturheilarzt beschwört: Nur die Natur heile und die Schulmedizin schade. Und der Esoteriker heult: Oh, ihr armen Narren, spürt ihr denn nicht, wie es nur die Seele sein kann, welche die Heilung vollbringt!
Alle drei, Schulmediziner, Naturheilarzt und Esoteriker sind wichsende Narren! Keiner sollte so verdorben und so verrückt sein und glauben, daß nur er recht habe und all die anderen sich irrten. Alle haben recht! Jeder hängt solange seiner eingebildeten Wirklichkeit nach, bis er ihre Illusion aufgespürt hat. Später wird er weitergehen müssen zur nächsten Scheinwirklichkeit. Jeder wird einmal erkennen wollen, daß für den Menschen alles eine Illusion

bleibt. Der Heilerfolg wie der Mißerfolg ist eine Farce.
Es ist nichts Verwerfliches dabei, den Illusionen nachzupirschen und sich einzubilden, sie seien unwiderleglich. Doch man kann sich seiner Jagd nach Illusionen bewußt werden, um seine Wirklichkeit nicht mehr so tierisch ernst zu nehmen.
Fast immer ist es schmerzvoll und zeitraubend, bis man seine Wirklichkeit als Illusion entlarvt hat. Haben wir hier nicht eine Ausnahme gemacht? Zwar wurde in dieser Schublade mit dem Titel »Befreiung von Krankheit« eine Wirklichkeit vorgetäuscht, doch ihre Überführung ließ nicht lange auf sich warten: Befreiung von Krankheit ist eine Illusion! Du wurdest nur für eine kurze Zeit genarrt. Im Gegensatz dazu verunreinigst du dein Leben mit Illusionen wie Versicherungen, Ehe und Geld, die dich fast ewig anschmieren.
Wie lange noch?

Die Überschrift dieser Schublade versprach: Befreiung von Krankheit.
Doch was findest du darin?
Befreiung von Illusionen!
Das ist eine ehrliche Lüge: Mehr als das wird dir nirgends offeriert.
Bist du nicht einverstanden?
Bist du also immer noch enttäuscht?
Ziehe los und entdecke deine Lügen, und bald wirst du die Ehrlichkeit des anderen zu würdigen wissen.
Gute Gesundheit!

Die Erleuchtung im Misthaufen

Jedes Glühwürmchen ist heller erleuchtet
als die Glorienscheine aller Heiligen zusammen

Was soll diese Schublade über Erleuchtung im Misthaufen? Ist Erleuchtung nicht das erhobene Thema der unterbelichteten Esoteriker und sonstigen Weisheitslecker? Welcher realistische Mensch kann sich für so etwas Blendendes begeistern? Und der Misthaufen, soll das die feine Gesellschaft sein? Stellt sie dir nicht viele leckere Dinge bereit, mit denen du das Leben verschönern kannst?

Zum Beispiel kannst du schlemmen gehen. Starten wir gleich mit der Vorspeise: Zarte Froschschenkel mit Salmonellen aus Bangladesch, gedünstet in saurem Regenwasser. Schreiten wir zum Hauptgericht: Kalbsbrust reichlich gefüllt mit Antibiotika und dezent abgeschmeckt mit weiblichen und männlichen Sexualhormonen. Zum krönenden Abschluß werden die letzten Walderdbeeren, mit sterilisiertem Schlagrahm verziert, serviert. Zum Anstoßen wird ein geschwefelter und gezuckerter Baron Rothschild eingeschenkt. Und dies alles bei Kerzenlicht, in Gegenwart eines bezaubernden hohlen Gegenübers, zu genießen ist zweifellos ein Ausdruck voller Lebensfreude.
Wer möchte sich jetzt noch an der Erleuchtung stärken?

Weiter profilierst du dich in deiner Arbeitswelt: Ein ganzes Leben lang wie ein Ameise zu schuften, deren Bewußtsein flötengegangen ist, und zusätzlich deinen düsteren Alltag

mit Klatsch und Intrigen aufzuhellen ist fraglos gewinnbringend.
Was hat in einem tüchtig ausgefülltem Leben die Erleuchtung verloren?

Zudem lungerst du auf der Gasse herum und setzt dich dabei beachtlich in Szene. Wie ein Batteriehuhn auf der Stange darfst du an der Bar deine Drinks nuggeln, um deine versoffene Show vom Stapel zu lassen.
»In« bist du jetzt, und die Erleuchtung ist »Out«.

Obendrein schwimmst du im Geld: An einem föhnigen Sonntagnachmittag kannst du im Robbenpelz umherstolzieren, und am Abend darfst du im Opernhaus mit deinem edlen Schmuck herumstrolchen. Außerdem läßt du deine zuckersüße Fratze beim Schönheitschirurgen liften.
Dein Verwelken und Verfaulen fadenscheinig zu verschönern – ist das nach Strich und Faden nicht schöner als Erleuchtung?

Ferner darfst du Weihnachten dem Christkindlein weismachen: »Oh, Tannenbaum, wie grün sind deine Blätter.«
Du selbst aber düst triebhaft mit deinem Auto umher und hilfst den Borkenkäfern, uns zu überleben.
Ist Autofahren nicht beflügelnder als Erleuchtung?
Jeder Autofahrer ist ein Krieger und gleichzeitig ein arglistiger und auto-risierter Mörder. Das ist weiter nicht dramatisch. Denn alle Verbrechen sind dazu da, daß sie begangen werden. Jeder Erleuchtete war auch einmal ein Verbrecher, sonst wäre es heute noch dunkel um ihn.

Zu guter Letzt kannst du dich von der gastlichen Esoterik einweihen lassen. Hier darfst du in der Astrologie erstarren, in der Anthroposophie versteinern, dich in der Bücherflut ertränken und über deine früheren Leben große Reden schwingen.

Ist das Wichsen mit den esoterischen Lehren nicht befruchtender als Erleuchtung?

Wie du siehst, bietet dir unsere Gesellschaft viel Erquickliches zur Selbstverwirklichung. Da braucht doch keiner mehr mit der Erleuchtung vorbeizukommen. Ich glaube, daß ich meine Siebensachen schleunigst einpacken und gleich die Kurve kratzen sollte, um in einer anderen Galaxie mit der Erleuchtung hausieren zu gehen.
Vielleicht begehrst du jetzt auf: *Nein!* Erleuchtung sei doch kosmisches Bewußtsein, das hieße doch, eins zu sein mit dem Universum.
Das klingt ja wirklich interessant: Eins zu sein mit dem Universum!
Aber was soll denn Erleuchtung ausgerechnet in dem Misthaufen, der bald schon unsere Milchstraße zum Umkippen bringt?
Was soll die Erleuchtung hier, wo jeder Metzger mehr Mitgefühl mit einem Schwein hat als irgendein Mediziner mit seinem Patienten?
Was soll die Erleuchtung hier, wo der vermeintliche Heiland aus Rom die rechte und die linke Hand des Teufels spielt?
Was soll die Erleuchtung, wenn wir mit ansehen müssen, wie unsere heldenhaften Mitmenschen angstvoll die Gesellschaft verteidigen?
Was soll die Erleuchtung, solange unsere Pharma-, unsere Rüstungsindustrie und das Schlachtfeld der Nation (die Spitäler der Schulmedizin) noch erlaubt sind?
Ja, was hat die Erleuchtung in dieser perversen Gesellschaft verloren?
Kurzum, was soll das: »Die Erleuchtung im Misthaufen«?

ALLES

Erleuchtung ist niemals davon abhängig, ob deine Mitmenschen schwarz sehen und ob deine Umwelt verfault. Erleuchtung zu erlangen ist deine ursprüngliche Aufgabe. Das einzige, was du auf dieser Welt erhellen kannst, ist *dein* zwielichtiges Bewußtsein.
Hältst du den, der sein Bewußtsein erweitern will, anstatt der Gemeinschaft zu dienen, für einen Egoisten?
Du irrst dich. Nur der, der den anderen helfen *will,* ist egoistisch. Dieser ist unfähig, sich selbst zu helfen, und dies vertuscht er, indem er vor seinen inneren Problemen in die äußere Welt ausweicht. Er ist der leibeigene Handlanger seines Egos. Er läßt sich von seinem Ego tyrannisieren, das ihm Befehle zur Veränderung seiner Umwelt erteilt. Zu seinem Unglück glückt ihm keine Rettung. Um sich davon abzulenken, versucht er seine Mitmenschen zu beglücken. Opfert er sich für sie restlos auf, kann er fast sicher sein, daß unsere aufgeschmissene Gesellschaft ihn als einen großen Helfer der Menschheit ehren wird.
Dein tristes Bewußtsein zu beleuchten bedeutet, dich mit deinen versteckten Problemen selbst auseinanderzusetzen, anstatt sie auf die Umwelt zu projizieren. Jetzt wird für dich ersichtlich, wie du dich und deine Umwelt selbst erschaffst. Im Nachhinein brauchst du in deiner äußeren, erschaffenen Welt nichts mehr zu ändern. Möchtest du die scheinbaren Gegensätze der irdischen Welt überwinden, um dein verdunkeltes Ego loszulassen, bleibt dir gar keine andere Wahl, als dein Bewußtsein aufzuhellen.

Licht und Erleuchtung sind eins miteinander. Der Erleuchtete ist ein Lichtpunkt. Seine Amboßwolken sind vom Winde verweht, und er badet im Sonnenmeer. In der Finsternis leidet die Gesellschaft, doch um den Erleuchteten ist es Licht geworden. Seine Sicht ist klar. Er unterscheidet nicht zwischen gut und böse. Weder hell noch dunkel nimmt er wahr – er strahlt wie ein neugeborener Stern. Er vegetiert nicht in solch einer primitiven Daseinsform, wo weder das Paradies (Einheit) noch die Polarität (Zweiheit) akzeptiert wird.

In dieser verlorenen Welt ist der Bürger heimisch. Blind, taub und hohl trottelt er herum. Nie hat er die leiseste Ahnung, woher er angewackelt kam, wo er sich befindet und wohin er sich verrennen wird. Heillos ist er in seine Ängste und Perversionen verstrickt. Kein Wesen unserer Milchstraße besitzt weniger Bewußtsein als er.
Der Bürger ist furchtbar verfault und kaputt: Tut ihm etwas weh, dann läßt er es zu, daß die Schulmedizin ihn noch ganz fertig macht.
Der Bürger ist ein bäumiger Sadist: Er fährt Auto, obwohl er spüren müßte, wie dabei jeder Baum vor Schmerz zusammenzuckt.
Der Bürger ist zeitlos verdreht: Er lügt rund um die Uhr und verkauft seine Lügen als Wahrheit.

Von dieser verkrüppelten Welt ist der Erleuchtete auskuriert. Sein Bewußtsein ist in tiefster Seele umfassend; diese verdammte Welt gefällt ihm von ganzem Herzen. Alle Grenzen zwischen Verdammnis und Erlösung hat er verwischt. Mit allem ist er eins. Sein erbärmliches Ego hat er in Stücke gehackt und im Feuer verbrannt – nichts ist übriggeblieben. Der Erleuchtete spürt in jeder Zelle, daß er ein winziges Abbild unseres riesigen Universums ist. Er ist die Ganzheit, verkörpert in menschlicher Gestalt. Der Erleuchtete schwebt im kosmischen Bewußtsein. All-umfassend ist er; das All umschließt ihn, und er umarmt das All.
Im Gegensatz dazu verkümmert der leidende Bürger, der nur sein Ego umklammert. Ein Ego, das in Wahrheit gar nicht existiert.
Der Erleuchtete verschmilzt mit allen Wirklichkeiten. Er nimmt das Ganze wahr.
Der Alltagsmensch hat nur einen Bezug zu seiner Wirk-

lichkeit, folglich erfährt er nur seinen Teil vom Ganzen, wenn überhaupt.

Wird der Bürger zum Beispiel bestohlen, regt er sich darüber auf. Höllisch erzürnt er sich über diese Ungerechtigkeit. Diese teuflische Person und seine Unterwelt plündern zwar fortwährend die Natur und die Dritte Welt aus, doch sind ihnen diese Schandtaten so zur Gewohnheit geworden, daß sie ihnen gar nicht mehr auffallen.
Wird der Erleuchtete erleichtert, freut er sich darüber. Für ihn ist das ganze Leben ein Geschenk. Fortlaufend hört er, wie Nehmen und Geben im Einklang tönen. Er weiß, daß gerechtfertigter Besitz ein Ding der Unmöglichkeit ist. *Alles gehört allen*. Wenn du von irgendeiner Sache behauptest, sie gehöre dir allein, dann bist du ein Dieb.
Erleuchtet sein heißt: das Paradies wieder entdeckt zu haben. Aber nicht jenes Paradies oben im Himmel, sondern dieses hier unten auf Erden. Der Erleuchtete residiert im irdischen Paradies. Weder Vergangenheit noch Zukunft berühren ihn – den Augenblick kostet er.
Im Gegensatz dazu verkommt der Bürger im Mist. Er verflucht die Vergangenheit oder trauert ihr nach, er verdrängt die Gegenwart und träumt von der Zukunft oder ängstigt sich vor ihr.
Diese trübe Tasse scherbelt jenseits vom Hier und Jetzt!

Alltagsgeschichten:
Ein Mistkäfer und ein Erleuchteter nehmen das Abendessen ein. Wie benimmt sich der Vielfraß, während er frißt? Er diskutiert über Tempolimits und Autobahngebühren oder überlegt sich, welcher Fernsehkrimi ihn heute abend erheitern soll, oder entrüstet sich über seine Nachbarin, die heute ihre Fensterrolladen schon am hellichten Nachmittag runtergelassen hat.
Der Erleuchtete feiert beim Essen Mahl-zeit; er mahlt Zeit. Da er sein Ego aufgelöst hat, grenzt er sich weder von sei-

ner Umwelt noch von seinen Nahrungsmitteln ab – und so verspeist er sich restlos selbst. Es existiert nichts in unserem Universum, was außerhalb deines Körpers liegt. Das einzig scheinbar Trennende zwischen allem ist die Materie – und sie ist Illusion. (Ob Materie oder nicht, das ist ein harter Brocken!)
Ein Mistkäfer und ein Erleuchteter machen sich für eine Bahnfahrt bereit. Was tut nun der strohdoofe Käfer? Er *wartet* auf den Zug! Er erholt sich nicht im Hier und Jetzt, sondern er gafft, indem er auf den Zug wartet, in die Zukunft. Dieser vergangene Zukünftler harrt schon sein ganzes Leben auf Ereignisse, die dann doch nie eintreten. Im Bahnhof wird er immerhin nicht enttäuscht werden. Das ist einer der wenigen Orte, wo der Bürger noch etwas erwarten darf, was dann tatsächlich auch eintrifft.
Der Erleuchtete freut sich des Lebens, desgleichen im Bahnhof. Dort wie überall staunt er über nichts und alles. Er muß nicht auf den Zug warten, der wird nämlich von selbst ankommen, ohne daß er auf ihn warten müßte.

Im Hier und Jetzt kennt die Erleuchtung kein Pardon. Hier flüchtest du weder aus der Vergangenheit noch fliehst du in die Zukunft. Jetzt ist Vergangenheit wie Zukunft schon längst vorbei.
Erleuchtet sein bedeutet: Eins sein mit allem. Das ist zutiefst einfach! Deine Seele ist schon mit allem eins. Du mußt dich nur an sie erinnern. Der Erleuchtete erinnert sich an sein Inneres und vereinigt sich mit allem. Sogar mit unserer Gesellschaft ist er einig.
Dieser Misthaufen bildet einen guten Nährboden: *deinen Dünger.* (Sei aber vorsichtig! Zuviel Dünger ist Gift für zarte Blumen.) Unsere Gesellschaft ist eine Herausforderung für dich. Tag für Tag wirst du mit ihren krepierenden Gesellen konfrontiert, damit du realisierst: So ekelhaft wie diese sind, darf ich nie werden. Der Misthaufen der Armleuchter ist das Gegenteil der Erleuchtung. Trotzdem ist

die Erleuchtung nur über ihren Gegenpol, nämlich über den Mist unserer Gesellschaft, zu erreichen.
Die gesellschaftliche Hölle kann in dir das Wunderbare wecken: die Sehnsucht nach deiner ursprünglichen Vollkommenheit. Wenn du dieses Heimweh in dir erwachen läßt, wird dein langweiliges Ego entschlafen. Die Zeiten sind dann vorbei, wo du dein Glück in der Gesellschaft, in der esoterischen Szene oder sonstwo suchtest. Dennoch wirst du deinem Widersacher zu Dank verpflichtet sein. Die Gesellschaft war es, die dir geholfen hat, dich zu erneuern, obwohl sie ein hinterhältiger Wegweiser ist. Denn auf ihrem Weg zu kriechen ist die zuverlässigste Methode, der Vollkommenheit zu entgehen. Ihr Weg weist ins Unheil, und ins Heil führt die *entgegengesetzte* Richtung!
Der Erleuchtete wünscht sich gar keine bessere Gesellschaft. Wäre diese Eiterbeule nicht zum Platzen gefüllt, wäre er anders geworden, und anders sein als er heute ist, möchte er nicht.
Wer auf dem Misthaufen flattert, kann sich fortwährend von ihm lossprechen, indem er sein Leben mit mistigen Ausreden güllt. Der Bock im Mist macht Sündenböcke für sein Dasein verantwortlich. Er wälzt seine ursprüngliche Selbstverantwortung auf seine Umwelt ab, von der er sich einst widernatürlich trennte.
Der Erleuchtete steht zu seiner Selbstverantwortung. Er grenzt sich von nichts ab. Alle Grenzen hat er überschritten. Sein Schatten von früher, den er ja aufgelöst hat, führt ihn nicht mehr hinters Licht. Er ist das Licht. Der Erleuchtete begreift die ganze Welt, (oder nichts?) und fast keiner versteht ihn. Er hat alle Wege abgeschritten, auch den in die Einsamkeit.

Der Weg in die Einsamkeit ist ein unumgänglicher Schritt, um zur Erleuchtung zu gelangen. Steingrau kann dieser Weg sein. An Stätten führt er dich vorbei, wo du dich gottlos allein fühlst und dich für alle Ewigkeit verloren

glaubst. Du spürst zwar ein neues und kreatives Bewußtsein in dir, doch mußt du mitansehen, wie deine Mitmenschen dir nicht nachfolgen können.
Du erlebst die Freude des Wachseins – doch die Toten schlafen weiter.
Du hast deine verlogene Maske niedergerissen – und alle haben weggeschaut.
Du hast deine harte Kruste aufgebrochen – und alle haben sich abgekapselt.
Du hast dich gekrümmt in Schmerzen und gesonnt in Freuden – und *keiner* ist dir gefolgt.
So wirst du all-eins.
Die Erleuchtung ist schonungslos, und gerade deshalb ist sie erlebenswert.

> Was dir wehtut
> heilt dich

Die Erleuchtung kennt keine Gnade. Auf dem Weg zu ihr kann es passieren, daß du dem Wahnsinn begegnest. Das ist weiter nicht gravierend. Der Wahnsinn ist heutzutage kein besonderes Thema. Die Idiotie hat sich in den Alltag durchgebissen. Von etwas Irrsinnigerem als unserer heutigen Gesellschaft wurde die Erde seit dem Weltanfang nicht heimgesucht.
Der Wahnsinn aber, der dich auf dem Weg zur Erleuchtung besucht, ist heilsam. Er kann weder versteckt noch verdrängt werden.
Lebe den Wahnsinn, sonst kommt das Genie nie.

> Was haben Psychiater und Psychopath gemeinsam?
> Was unterscheidet sie?
> Beide spinnen gewaltig,
> doch der Psychiater wird dabei reich.

Jeder Mensch ahnt, daß der Weg zur Erleuchtung kein Honigschlecken sein wird. Er zieht es vor, weiter frustriert und lauwarm an seinem Mist zu kleben.
Es ist einleuchtend, weshalb sich fast keiner auf den Weg zur Erleuchtung begibt. Ihre Leuchtspur führt den Berg hinauf zum Gipfel und nicht hinab ins dunkle Tal zu den bürgerlichen Misthöfen. Daß die Mistlinge ihr frevelhaftes Leben dort nicht bereinigen wollen, ist augenfällig. Würden sie sich aufraffen in ihrem Mist, wären sie in etwa verloren wie eine brünstige Wildsau im Zenkloster.
Auf deinem egozerreißenden Weg zur Ganzheit macht sich in dir manchmal eine ohnmächtige Wut bemerkbar. Fragen wirst du dich:
Warum darf ich nicht normal bleiben?
Einfach feige, kaputt und hohl sein, wie es die Miststücke im Saustall der Gesellschaft sind.
Hast du dich aufgerafft, den Stein des Weisen zu finden, gehst du vorwärts – zurückkehren kannst du nicht mehr.
Einmal vom Licht getroffen, niemals mehr wirst du das Licht missen wollen.

Laß dich nun von der Erleuchtung nicht blenden. Sie steckt voller Tücken, immerfort überlistet sie dich. Zu viele Menschen leiden an der Selbstüberschätzung, erleuchtet zu sein. Den ganzen Tag lallen sie mystisches Zeug, stellen ihre glänzenden Augen zur Schau, polieren ihr drittes Auge und meinen dabei, glasklar durchzublicken. Wer behauptet, er sei erleuchtet und vollends erwacht, darf gleich wieder einschlafen.
Ist Erleuchtung überhaupt wahrnehmbar?

Vielleicht bist du selbst von ihrem Blitz entzündet worden, ohne seinen Donner gewittert zu haben!
Welche untrüglichen Zeichen beweisen, ob ein Mensch erleuchtet ist oder ob er nur von einer Illusion geblendet wird?
Ist einer erleuchtet, wenn er glaubt, alle seine Vorleben zu kennen, wenn er sich siebenhundertsiebenundsiebzig Jahre in Askese geübt hat, wenn er sich vom Boden abheben und durch Wände gehen kann?
Oder ist er erst erleuchtet, wenn *er mosert?*
Ist es überhaupt normal, erleuchtet zu sein?
Möglicherweise ist die Erleuchtung noch verhängnisvoller als eine übertragbare Geisteskrankheit. Vielleicht lieber mit Syphillis angesteckt sein als von der Erleuchtung befallen werden. Die Syphillis kann noch behandelt werden. Im Vergleich dazu glänzt die Erleuchtung. Sie entzieht sich jeder Behandlung – Heil ist unheilbar.

Wie weiß ein Mensch, ob er selbst erleuchtet ist?
Wie wissen die Schäflein ihres Gurus, ob das ewige Licht über ihm scheint?
Es könnte ja sein, daß es einmal im Misthaufen lichterloh gefunkt hat und dabei ein hellsichtiger Mistkäfer gleich größenwahnsinnig wurde, weil er glaubte, vom Blitz der Erkenntnis getroffen worden zu sein.
Bekanntermaßen kennt die Erleuchtung keine Gnade, und so mußt du dich jetzt fragen, ob ich erleuchtet bin. Ich, der es wagt, keinen Respekt, weder vor dir, weder vor der Erleuchtung noch vor mir selbst, zu haben.

Glaubst du von dir, du seiest erleuchtet, dann bist du gleich so verdunkelt wie ein Arschloch! Lösche deine hellen Vorstellungen über die Erleuchtung aus. Erleuchtung ist kaum erklärbar, aber erfahrbar. Beschränkt sich dein Bewußtsein nur auf unsere Erde, wirst du nie allumfassend erleuchtet sein. Erleuchtung blitzt über alle Wolkenfelder.

Nirgends entspringt sie, und sie mündet ins *Nirgendwo*.
Natürlich kannst du den Schleier aller irdischen Illusionen lüften, um hinter den Vorhang der Dinge zu schauen, wo alles eins ist. Wo du die einzelnen Atome sichtest, aber noch keine feste Materie.
Notfalls könnte ich dir jetzt eine Freude bereiten, stellte ich die Erleuchtung als etwas Absolutes hin. Doch Erleuchtung ist unnachsichtig. Ihr weites Licht durchdringt die enge Finsternis. Ebenso beschütze ich dich jetzt vor Gunstgeilereien. Stets hofierst du in deinem Leben und läßt dich einseifen. Erlaube dir hier eine Ausnahme!
Hat Erleuchtung Respekt vor deiner Moral, deiner Ethik und deinem Wissen?
Sie scheint hindurch. Sie ist schattenlos, und gerade deshalb ist sie verletzend. Ihr ewiges Licht nimmt keine Rücksicht auf deine vergängliche Dunkelheit.
Es existiert eine Antwort, die dir beweist, ob du erleuchtet bist oder nicht. Gerade *diese Antwort* ließ ich los, sie war mir *nebensächlich*. Das ist die Antwort.

Wie kannst du erkennen, ob einer deiner Mitmenschen beziehungsweise dein Guru erleuchtet ist?
Das ist eine leidige Sache, du wirst es nie ganz erfahren. Deinem Ego entsprechend haftest du zu sehr an deiner eigenen Einbildung, was Erleuchtung sein könnte. Das ist dein persönliches Wunschbild – es gilt nur für dich. Entdeckst du jemanden, der in dieses Bildnis hineinpaßt, wirst du sogleich kundtun, dieser Mensch sei erleuchtet. Womöglich wirst du ihn zu deinem Guru küren und versuchen, diesem Leithammel nachzueifern.
Eines Tages wirst du es schaffen, mit derselben Lichtstärke zu strahlen wie dein Guru, um dir bewußt zu werden, daß ihr beide noch nicht gänzlich vom Licht durchflutet seid. Damit du wie auch er weiterleuchten könnt – hinein zur nächsten Erleuchtung.

Vorerst einmal:
Sei ein erleuchteter Mistkäfer!

Der Weg zur Erleuchtung

In der tiefsten Finsternis
glitzern die hellsten Sterne

Wo lacht dir der Weg zur Erleuchtung?
Bücher hast du verschlungen – doch die Erleuchtung ist nicht hochgekommen. Gurus hast du ein Loch in den Bauch gefragt – doch die Erleuchtung hat dichtgehalten. Schon immer hast du gut gehandelt und dich zu einem großen Esoteriker emporgeschwungen – doch die Erleuchtung hat dich ausgepfiffen. In der Askese hast du ungezogen deinen Schwanz eingezogen und ihn wohlerzogen in der Erotik aufgezogen – doch die Erleuchtung hat dich nicht reingezogen. Noch immer stehst du täglich fünf Minuten auf dem Kopf – doch die Erleuchtung ist flachgefallen.
Nun hast du dich bis zu dieser Buchseite durchgefressen und fragst schon wieder – ist es das letzte Mal? –, wo die Lichtspur der Erleuchtung schimmert.
Darauf strahlt dir eine Antwort entgegen. Klar wie dicke Tinte. Davon wird es dir gleich schwarz vor Augen werden.

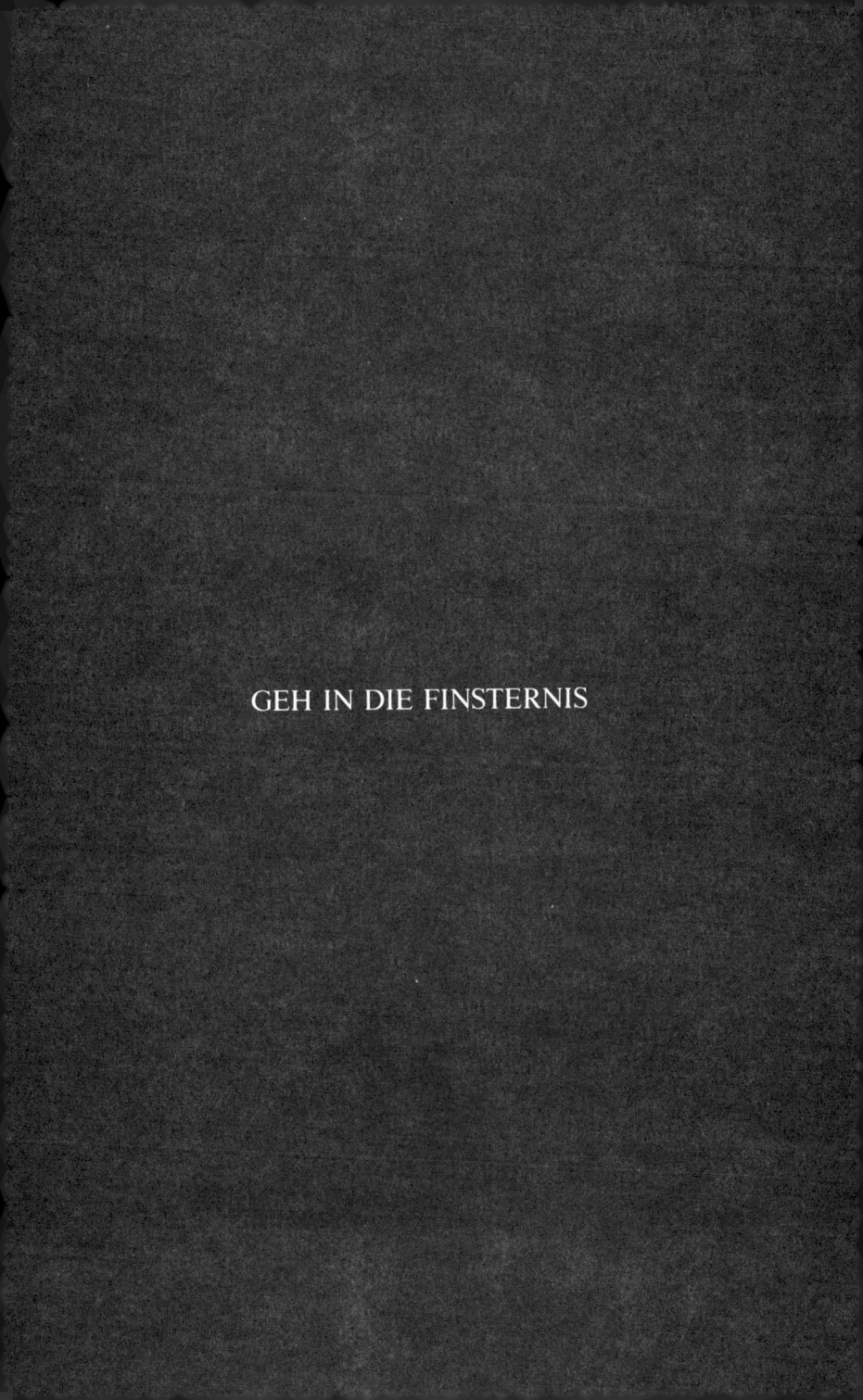

GEH IN DIE FINSTERNIS

Hast du *deine* Finsternis gesehen?
Schreite durch dein Schattenreich!
Verbessere das, was du noch böse nennst. Erhelle zunächst deinen lichtscheuen Schatten, und erst nachher begehre das ewige Licht. Verzaubere das Häßliche in dir, und das Schöne wird dich verzaubern. Verirre dich nicht im Licht, vielmehr komme in deiner Finsternis an. Löst du deinen Schatten auf, wird das Licht von selbst über dir scheinen. Dein Schatten ist der Abfalleimer all deiner Verdrängungen. Diese Verneinungen des Lebens werden dort von deinem albernen Ego streng überwacht.

Dein Schatten ist der Todfeind deines Lebens.
Weder die Marionette in Washington, weder die Senilen in Moskau noch der Antichrist im Vatikan verkörpern deine wahren Feinde. Außer dir selbst hast du keinen Feind in dieser Welt. Selbst unsere bübischen Politiker, unsere schizophrenen Psychiater, unsere pubertierenden Offiziere, unsere unrichtigen Richter, unsere verwalteten Staatsanwälte, unsere kriminellen Polizisten und unsere kranken Mediziner stellen nicht deine wirklichen Feinde dar. Diese Siechlinge brillieren im Abschaum unserer Milchstraße. Deine Bosheiten aber solltest du nicht in diese Aussätzigen hineinprojizieren.
Sei nicht grau!
Projiziere deinen Schatten nicht auf das unerträgliche Bürgertum, entlarve dich selbst. Stelle dich deinem Schatten, sonst wirst du vor ihm nie Ruhe finden.
Weichst du dem Kranksein aus, wirst du krank.
Verabscheust du den Haß, wirst du häßlich.
Schlägst du das Unglück zurück, wirst du unglücklich.

Nimm unseren Unglücksbürger als Vorbild. Einst bemühte er sich, nur gesund, nur glücklich und nur liebevoll zu sein. Was ist ihm danach widerfahren? Er erreichte nicht das, was er anstrebte, und so mußte er mit dem entsprechenden

Gegenteil Vorlieb nehmen. Hoffnungslos ist er an Körper, Geist und Seele erkrankt. Krank, unglücklich und häßlich ist er, obwohl er nach dem Gegenteil von alldem hungerte.
Wird nicht jedes Vorhaben über seinen Gegenpol verwirklicht?
Willst du zum Beispiel morgens wach und fit sein, legst du dich vorher zur Ruhe. Kein Wesen wäre dermaßen bekloppt, die ganze Nacht durchzuwachen, um am nächsten Morgen noch wacher zu sein.
Willst du also vom Licht beschienen werden, mußt du dich zuerst dem Gegenteil des Lichts, deiner Dunkelheit aussetzen.

Geht es um die Auflösung deines Schattens, kennt die Erleuchtung, die dahinter verborgen liegt und dir doch stets zuwinkt, vorerst keine Gnade. Dein schattenreiches Ego mußt du freilassen! Das Ego loslassen scheint im Leben das Unmöglichste zu sein.
»Was beinhaltet mein Ego?«
Dein Körper, deine Gedanken, deine Gefühle und auch unsere Gesellschaft gehören zu ihm.
Ist dein Ego derweise edel, daß du es stets behüten mußt? Denn ein ganzes Leben hätschelst und tätschelst du dein selbstsüchtiges Ego!

Beginnen wir mit seiner Verpackung. Jeder ist derart von seinem Körper eingenommen, daß er zu behaupten wagt: *Das ist mein Körper.* Doch gewisse lustige Dinge an ihm müssen vor der spaßlosen Gesellschaft versteckt werden. Ausgestattet ist er mit etwas ganz Feinem, das seine Artgenossen nie bestaunen dürfen, ausgenommen der oder die Auserwählte, den er oder sie an sich ranläßt. Mit ihrem Größenwahn über den eigenen Körper sind viele soweit gediehen, daß sie ihn verteidigen müssen. Von vornherein signalisieren sie: *Rühr mich nicht an!* Ihr Körper darf weder von einem fremden Mann noch von einer fremden

Frau befühlt werden. Aber verschandelt werden durch die Schulmedizin darf der Körper allemal. Für diese Vergewaltigung sind die Opfer sogar bereit, mit Krankenkassen-Prämien im voraus zu zahlen. Hat die Behandlung gewaltig wehgetan, zahlen sie anstandslos noch gehörig drauf. Jene, die sowieso nichts über ihren eigenen Körper wissen, prahlen noch: Schau – ich bin eine *Frau!* Schau – ich bin ein *Mann!*
Laß deine Hüllen fallen. Schmeiß deinen Körper weg wie einen ollen Lumpen. Nun verkörperst du mehr als nur ein Fräulein oder Männlein. Jetzt besitzt du einiges mehr als Haut, Haar, Knochen, Fleisch, Fett, Blut, Schleim und Galle. Zieh augenblicklich das enge Kleid deines Körpers aus! Soeben bist du Subjekt *und* Objekt, Mensch *und* Umwelt, Weib *und* Mann, Opfer *und* Täter, Arzt *und* Patient geworden. Entblättere deinen Körper, und du selbst wirst zum Lebensbaum werden – jetzt bist du *MENSCH*.
Folgende Situation illustriert, wie du Abstand zu deinem Körper gewinnen kannst. Sollte eine Stechmücke dich einmal ins Visier nehmen, weil sie sich an »deinem« Lebenssaft stillen möchte, und fällt dieses winzige Biest über dich her, dann laß es gewähren. Sei einmal kein Schlächter! Hier liegt für dich der Vorteil darin, daß du gar nicht gestochen werden kannst, wenn Insektenstiche für dich kein Problem mehr darstellen.
Verstehst du das nicht?
Nimm dir eine Mücke als Vorbild: Sie versteht es!

Ferner solltest du all deine Gedanken, die sich in deinem Ego eingenistet haben, entwirren: Reiße dein Lügengebilde nieder. Mache dir nichts mehr vor. Durchschaue dich! Alle Gedanken kannst du ausblasen. Nachher kannst du dich für neue Ideen begeistern und sie gleichfalls wieder aushauchen. Puste deinen Verstand aus; danach wirst du verstehen.
Stets behindert der Mensch sich selbst mit seinen starren

Gedankenmustern, die nichts Neues hineinlassen wollen. Sieht oder hört der Musterknabe etwas ihm Unbekanntes, geht er automatisch sein Hirn absuchen. Er möchte aufspüren, ob es dort bereits ausgewiesen ist, um es entsprechend einzuweisen. Sollte die Suchkamera in seinem Hirn kein Abbild für das finden, was er in seiner Außenwelt wahrnimmt, weist er das ihm noch Unbekannte zurück. Da ist kein Platz, um seine festgenagelten Gedankenbilder aufzubrechen und das Neue hineinschlüpfen zu lassen.
Wenn zum Beispiel ein strenggläubiger Katholik aufgeklärt wird, daß alle Mörder, alle Heroinhändler, alle Kinderschänder und alle Nymphomaninnen dieser Welt *heiler* sind als sein heiliger Vater in Rom und daß auch jeder Hundedreck vollkommener ist als sein päpstliches Götzenbild, dann sollte der Papstlecker nicht einfach aufheulen und diese simple Wahrheit verleugnen. Schon eher sollte er seinen Geist ausdehnen, um in seinen religiösen Gefühlen etwas empfänglicher zu werden.
Ist der Papst wirklich so gottverflucht unheil?
Ja!
Er ist es nicht deshalb, weil er weder lieben noch vögeln kann. Sondern er ist es einfach deswegen, weil er sich als Herodes anmaßt, das Wort Gottes zu verkünden.
Glaube nicht, nur was du denkst, sei richtig. Jeder Gedanke und jede Idee stimmen.
Wie könnten sie sonst ausgedacht werden?
Laß alle Gedanken aus dir herausspringen und verankere sie zugleich in dir; damit du selbst der Geist in allem wirst.

Lockere noch deine Gefühlsfesseln, um dein Ego mir nichts dir nichts zu zerfedern. Stets foppen dich deine Gefühle und dein Gewissen. Nie können diese Gespinste ein Produkt der Liebe sein, von deinem Schatten werden sie gesponnen.
Falls du gegen den Abscheu dieser Welt kämpfst, liebst du dich nicht.

Was in dir Ekel hervorruft, wuchert in dir selbst.
Wild begehre dein inneres Chaos, und zärtlich wirst du dein äußeres Chaos umarmen.
Jedes Gefühl täuscht dich. Immer spricht etwas dafür und etwas dagegen.
Willst du dir dein ganzes Leben versauen, indem du dich ständig mit Gut und Böse abplagst?
Alles ist gut. Du brauchst bloß gut zu sehen. Die Menschheit hat unzählige Fehler begangen.
Willst du sie alle nachahmen?
Seit dem Urknall wird das Böse gemieden und das Gute lobgepriesen. Dabei ist der Mensch nicht besser, eher schlechter ist er geworden. Der Endknall läßt ja schon grüßen.
Richte dich nicht mehr nach deinen egobesessenen Gefühlen. Strecke deine Fühler in alle Richtungen aus. Jetzt spürst du, wie auch du unsere Erde, so wie sie ist, ins Leben gerufen hast. Fühle sie!

Möchtest du dein Ego weiter entblößen?
Streife die Etiketten des Anstands ab. Denn die werten Gesellschafter haben verdrehte Spiele ausgeheckt; damit ihr unwerter Koloß höflich weiterfaucht. Nimm diese sterbende Bestie endlich aufs Korn und knalle sie ab.
Immer wieder gerate ich ins Staunen, wenn ich bemerke, wie die Herren den Damen den Vortritt lassen. Kürzlich jedoch bin ich in unserer Milchstraße fast abgesackt. Da hatte ich doch tatsächlich einen Pinguin eräugt, wie er seinem Weiblein in den Mantel half, obschon dieser befrackte Angeber kaum auf seinen eigenen Flossen stehen konnte.
Diese Art von Herzensbildung ist typisch für das Patriarchat. Zuerst nehmen die schwächlichen Männer den starken Frauen alles weg und machen sie zu Sklavinnen. Hierauf verabreichen diese Hurenböcke ihren Wichsvorlagen großzügig ab und zu ein Zückerchen. Dazu schnallen diese Weiberfeinde ihre zuckrigen Vorlagen aufs Bett, kaufen

ihnen Schmuck, öffnen ihnen Türen und verabreichen ihnen sonstige Streicheleinheiten. Solche Weiberhelden ergreifen gern die Initiative, damit alles schön unter ihrer Kontrolle bleibt. Das starke Weib wird wie ein Baby auf Händen getragen, damit das Mannsbild sich einbilden kann: Er sei stabil und sie sei labil.
Pfui!
Frau und Mann, schämt euch.
Löse die Regeln des Anstands auf, sonst bleibst du ein anständiger Wichser. Gentlemanlike und ladylike.

Belustige dich noch über deine Weisheiten, damit dein Ego sich endgültig in Tränen auflösen kann. Hältst du dich an Weisheiten fest, wird sich daran nur deine Dummheit ergötzen. Laß dich nicht mehr länger hinters Licht führen von all den Erleuchtungen und Weisheiten, die dir zugeworfen und verkauft werden.
Vielleicht bist du der Überzeugung, daß Weisheiten, die seit Jahrtausenden existieren, ihre Gültigkeit ewig bewahren. In gewisser Hinsicht mag das zutreffen.
Doch ich spreche nicht davon, wie du dein karges Leben mit antiquierten Weisheiten dekorieren kannst.
Der Erleuchtung stellen wir uns!

Schlußendlich vergiß nicht, jeglichen Respekt zu verlieren.
Sei respektlos!
Oder glaubst du, die Erleuchtung beuge sich vor dem Respekt?
Heucheleien überlassen wir dem Bürgertum. In dieser Kloake kannst du den Wichtigtuern dieser Welt Respekt zollen und ihre Hintern abschlecken. Pfaffen, Politiker, Polizisten, Offiziere, Schulmediziner, Staatsanwälte und sonstige Machtgierige halten dort ohnmächtig ihren Stinker für dich bereit.
Gelüstet es dich nach mehr, als Ärsche abzuschlecken?
So sei respektlos! Jedes Ding dieser Welt kannst du hoch-

achten, verachten oder achten. Das Sein, die Sonne der Erleuchtung, bestrahlt die Ehr-furcht nicht. Sie kennt keinen Respekt.
Wohin strahlst du?

Laß dein Ego verblassen. All die Vorstellungen über deinen Körper, deine Gefühle, deine Gedanken und deine Weisheiten müssen erhellt werden, damit sich dein Schatten verflüchtigt. Jedesmal, wenn du etwas verneinst in deinem Leben, nährst du deinen Schatten. Doch wie ist Erleuchtung geduldig! Lange schon erwartet sie dich, seit dem Sündenfall nämlich.
Bejahe dein Leben, ohne zu allem ja und Amen zu sagen. Das hieße, deine momentane Unfähigkeit dem Leben gegenüber nicht eingestehen zu wollen. Du mußt nein schreien und versagen, um dir dein Unvermögen und deine Schwächen einzugestehen. Tue dies absichtsvoll: Verfluche das Licht und verlange nach der Finsternis. Verteufle den Himmel und verhimmle den Teufel. Verwünsche die Erleuchtung und verneige dich vor der Gesellschaft. Tue dies bewußt, wenn du die Diamanten sehen willst.
Diamanten sind ebenso hell und lupenrein wie die Erleuchtung. Daher sind sie nicht an der Oberfläche, im Sonnenschein, zu finden. Tief unter der Erde liegen sie verborgen – im Reich der Dunkelheit.
Unser Licht erblickst du nicht im Licht, sondern nur in deinem Dunkel. Vereinige dich mit deinem widerspenstigen Schatten, um der Erleuchtung eine Chance zu geben.

Glaubst du jetzt, Erleuchtung sei für dich um etliche Watt zu hell?
Oder magst du das Wort »Erleuchtung« nicht mehr sehen, weil sie dir schon zum Halse rausfunkt?
Nichtsdestoweniger kannst du dich von dir trennen! Höhle dein Ego aus, und du wirst leer. Diese Verlassenheit wird gleich wieder gefüllt werden. Entläßt du dein Ego ins Nie-

mandsland, offenbart sich das, was ist: das Sein. Jetzt erinnerst du dich daran, wer du, wer wir wahrlich sind. Wer wir wirklich sind, kann gewiß *nicht* beschrieben werden – es geht *über* die menschliche Sprache hinaus.

Der Sinn dieser Schublade ist es nicht, dir ein klares Rezept zu schreiben, wie du zur Erleuchtung gelangst. Vielmehr wird ein Weg ausgeflutet, dessen Leuchtspur jeder einmal erspähen wird, sobald er mit seinen noch zugekniffenen Augen zu blinzeln beginnt. Dies war mein Weg, ein Weg von unendlich vielen.
Alle Wegweiser, ob sie nun in die Finsternis verleiten oder ins Licht leiten, *weisen einen richtigen Weg.* Kein Weg ist bloß falsch, solange ihn auch nur *einer* begeht.
Selbst unsere Gesellschaft ist in der Milchstraße nicht endgültig bachabgegangen, obwohl sie ständig am Ersaufen ist.
Der Weg aber, der jetzt vor dir leuchtet: Geradewegs geh in deine Finsternis. Stürze dein Ego, das auf deinem Schatten thront. Entlarve diesen Seelenverkäufer, um deinen ersten wie letzten Feind loszulassen. Spätestens im Sterben mußt du sowieso alles abgeben, was dir einmal so richtig erschien und es doch nie war.
Stirb jetzt!
Das einzige, was von dir sterben soll und muß: *dein Ego.* Laß es entschwinden, ohne zu bangen, was nachher kommt.
Hältst du dich fest, wird dir nichts geschenkt!

Je mehr du fraglos handelst in deinem Leben
ohne auf Erleuchtung zu hoffen
desto heller die Antworten

Versuche nicht, mit der Erleuchtung einen Tauschhandel einzugehen. Im Hier und Jetzt herrscht kein Profitdenken. Also posaune nicht: Ich stürze mich in die Finsternis, überwinde meinen Schatten, und dafür werde ich mit der Erleuchtung belohnt.
Laß alles los! Wirf alles, auch deine Erleuchtung und deine letzten Fragen, über dein Egobord − und die Festung deines Egos wird versanden.
Im Sand spielen Kinder − *staunst du?*

Die Schublade der Mitte

In der Mitte
schwingst du als stolzer Adler deine Flügel
In der Mitte
kriechst du als demütiger Wurm durch die Erde

Schließlich knacken wir die Schublade auf, die alle Schubladen beinhaltet. Vermagst du selbst diese widerspenstige Schublade aufzusperren, liegt dir das Universum zu Füßen -- und du ihm. Jetzt hast du dich in jedes Mosaiksteinchen des Lebens versteinert.
Bleibe beweglich und geöffnet, um dein Dasein in allen Dimensionen zu erfahren. Stelle deine verbrauchten Schubladen auf den Kopf und öffne neue Pforten. Wie du dieses Werk vollbringst, sei dir überlassen:
Jeder Weg hat *zwei* Richtungen, sonst wäre er *kein* Weg. Unverzagt kannst du unsere widerborstige Welt durchkämmen, unverblümt kannst du dich durch den Lebensdschungel schlagen und reuelos jedes Abenteuer eingehen. Ebenso kannst du hasenherzig auf dem Boden herumhoppeln, dich an jedem Lebensbrocken angstschlotternd vorbeidrücken und zu guter Letzt dich an den Brosamen des Lebens tapfer verschlucken.
Erblicke ich einen Paradiesvogel, wie er hoheitsvoll von einem Baumwipfel zum anderen schwebt, lasse ich ihm seinen Spaß. Beobachte ich einen Haifisch, wie er sich gierig auf seine Beute stürzt, wünsche ich ihm: »Guten Appetit!«
Begegne ich einem Krokodil, das die ganze Zeit dahindöst, lasse ich es in Ruhe. Alle haben ihre Daseinsberechtigung. Der Bürger verkörpert weder Haifisch noch Krokodil -- ein Untier ist er. Doch auch er darf an seiner Existenz hängen. Sein stilles Recht ist es, sich an Schubladen zu klam-

mern, die auf der stürmischen *Oberfläche* des Daseins schaukeln.

Endlos viel Zeit steht dir zur Verfügung. Nicht von einer Sekunde zur anderen mußt du das Leben von Grund auf erforschen, wenn auch die Lebensuhr unserer Zivilisation nur noch kurze Zeit ticken wird. Noch andere Zivilisationen werden hier erblühen, wo du dann von neuem versuchen kannst, in die unendliche Tiefe des Daseins einzutauchen.
Solltest du dich jedoch entschließen, dich sofort ins Sein zu versenken, um mit ihm zu verschmelzen, dann nimm deine Schubladen hoch. Veralbere und verehre sie zugleich. Jede Schublade offeriert dir gleichzeitig antiquierte und funkelnagelneue Illusionen. So wirst du fortlaufend vorangestoßen zu weiteren Schubladen zu eilen. In der Hoffnung, der letzten Wahrheit einmal begegnen zu dürfen.
Wahrlich wirst du es schaffen, mit der absoluten Wahrheit zusammenzutreffen. Unermeßlich nahe wird sie bei dir liegen. So nahe, daß du nicht mehr wahrnehmen wirst, was in der Ferne deiner harrt.
Verzichte darauf, den Inhalt aller Schubladen dieser Welt höchstpersönlich entrümpeln zu wollen, um den Durchblick zum Leben zu erlangen. Es reicht aus, wenn du *eines* der Mosaiksteinchen *ganz* erfaßt. Alles ist in allem zu finden. Jeder einzelne Stein beinhaltet das ganze Lebensmosaik. Jedes Sandkorn ist eine verkleinerte Kopie des Universums. Jeder Blutstropfen wie jedes Haar ist ein winziges Abbild des Menschen. Schaue einem Menschen in die Augen. Sogleich weißt du über ihn Bescheid!
Gleichfalls gilt dieses Gleichnis »Alles ist in Allem« für unsere Gesellschaft. Hast du verdaut, daß unsere hygienische Nahrung durchaus giftig ist, dann mußt du nicht noch ins Spital einmarschieren, um dich dort endgültig vergiften zu lassen. Ebensowenig mußt du noch im Rathaus vorbeischauen, um herauszufinden, wie gefährlich die Politiker

sind. Nahrungsmittelindustrie, Schulmedizin, Politik und sonstige Greuel präsentieren sich dir bloß in verschiedenen Verkleidungen. Doch ihr Inhalt bleibt stets derselbe: die Ohnmacht unserer machtbesessenen Zivilisation.

Unser Schubladenspiel kann zur Herausforderung für dein Leben werden. Vollkommen sein möchtest du: Hierfür bewege dich zur Mitte. Hast du den schöpferischen Punkt erreicht, werden dich keine Fragen mehr verwirren – alles enträtselt sich von selbst. Im Hier und Jetzt existiert nur eine Antwort: *der Augenblick*. Keine Gegensätze wie krank und gesund, böse und gut verspotten dich in der Mitte des Lebens. Hier versöhnst du dich mit allen Widersprüchlichkeiten.

Dein schmutziges, verhärtetes Ego von damals ist gereinigt und zerrieben worden, und der Wind des Lebens hat es in alle Richtungen verweht. An der Oberfläche des Seins warst du: hungrig oder satt, reich oder arm, weise oder dumm, glücklich oder unglücklich. In der Mitte des Seins bist du gleich-gültig.

Im Höhepunkt des Lebens hast du dich mit allen Mosaiksteinchen – die dir entgegenrollten, weil sie dich berühren wollten – gepaart. Der körperliche Orgasmus ver-mitte-lt haarscharf dieselbe Erfahrung.

Begehrst du den Orgasmus des Lebens zu feiern?

Vereinige dich mit allen irdischen Augenblicken. Nichts ist dann weder innen noch außen, weder unten noch oben. Überall bist du jetzt und nirgends. Dein steinhartes Ego konzentriert sich nicht mehr auf bestimmte Schubladen des Lebens – es zerrieselt. In jeder Schublade entdeckst du ein Sandkorn von ihm.

Das Ego loslassen scheint eine alte Weisheit zu sein. Der letzte Sinn jeder Weisheit ist es jedoch, sie ins Gegenteil zu verkehren, um sie selbst wegzuwerfen.
Wer möchte denn schon ewig weise bleiben?

Laß alles los, was du kennst!
»Warum?«
Um das geschenkt zu bekommen, was du nicht kennst. Beginne loszulassen bei deinem Wollen, gehe mutig weiter voran und laß deine Wünsche und Hoffnungen los, und schlußendlich laß die jetzige Wahrheit »laß alles los« auch noch los.
Uneingeschränkte Freiheit erlangst du erst, wenn du unabhängig geworden bist. Unabhängigkeit erreichst du nur über Abhängigkeit. Bleibe hängen, um dich fortzubewegen. Verbinde dich mit allem, indem du dich davon befreist. Führe diesen Widerspruch aus, damit du ihn gleichfalls loslassen kannst.
Hast du Bedenken mit dem Loslassen?
Glaubst du, dein Wollen, deine Wünsche, deine Hoffnungen und deine Bedürfnisse seien wichtig?
Klar sind sie wicht-ig, solange du als Wicht dein Fabelreich verunsicherst.
Vergiß nie: Was dein Ego möchte, ist rein gar nichts; im Vergleich zu dem, was du bekommst, wenn du seine Trugbilder ausradiert hast. Augenblicklich existiert für dich ein Ziel, eine Hoffnung, ein Wollen, ein Wunsch: *dein Augenblick*. Gerade das, was sich jetzt auf deiner Lebensbühne ereignet, ist *dein sehnsüchtigster Wunsch*. Die schillernden Seifenblasen deines hustenden Egos spielen dabei eine unwesen-tliche, klebrige Nebenrolle. Mehr als im Hier und Jetzt wird dir nirgends geschenkt, auch nicht in deinen Illusionen.

»Was sind Illusionen?«
Zu denken und zu fühlen, was du wahrnimmst, sei die Wirklichkeit.
Zu glauben, irgendwo existiere eine absolute Wahrheit, und der einzige Sinn deines Lebens sei es, dieses Ziel zu erreichen.
Zu hoffen, bis in alle Ewigkeit ins Nirwana eintauchen zu

dürfen.
In der Ewigkeit gibt es weder Start noch Ziel — sie dreht sich im Kreise und bewegt sich doch immer gradlinig fort. Solange du nicht über das Vergängliche hinauswächst, wirst du dich nie mit der Unvergänglichkeit vollends paaren können.

»Falls ich aber in den Ursprung hineinspringen sollte, befände ich mich dann nicht im ewigen Hier und Jetzt, in der zeitlosen Mitte des Seins? Wäre ich dort nicht ganz vollkommen und verschmolzen in alle Ewigkeit?«
Wenn du so fragst, dann bist du noch nicht gesprungen. *Springe!* Mein Buch mußt du dabei zurücklassen. Begegnest du der absoluten Wahrheit, dann töte sie! *Also verbrenne dieses Buch!* Sollte es sich nachträglich herausstellen, daß es nicht die ewige Wahrheit war, umso besser, wenn es nicht mehr da ist!
In der Allgegenwart mußt du immerfort sterben und dich augenblicklich wieder gebären lassen, sonst schwärmst du von der Scheinwelt der Vergangenheit oder träumst von der Phantasiewelt der Zukunft.
Vereinige dich in die Mitte des Seins, und du benötigst weder Wahrheiten noch Illusionen – du bist einfach. Mit einem anderen Bild: Nun tanzt du als ein phantastisches Liebespaar in der Wirklichkeit oder als ein wirkliches Liebespaar in der Phantasie.
Begehrst du mehr in deinem Leben?
Dann löse dich von dieser phantastischen Wirklichkeit.
»Und was kommt danach?«
Die nächste Schublade!

Schubladen hatten wir geöffnet, geleert, gefüllt, wieder geleert, wieder gefüllt, verschlossen und wieder geöffnet.
Was sonst?
Was bleibt jetzt noch übrig für uns beide?
Was eigentlich möchten wir hier, voneinander, gegeneinander und miteinander?
Jemanden beleidigen?
Ist nicht möglich. Beleidigen kannst du nur dich selbst; dort, wo du noch am eigenen Schatten leidest.
Eine unterhaltsame Zeit verbringen?
TV ist besser.
Die Gesellschaft verfluchen?
Wir lieben das Sterbende.
Die heutigen Esoteriker auslachen?
Wir lächeln über uns selbst.
Alte Wahrheiten neu entdecken?
Das ist uns wahrlich zu wenig.
Eine bessere Gesellschaft gründen?
Zuerst muß die alte Gesellschaft untergehen.
Vielleicht in die Erleuchtung eingehen?
Dort waren wir schon!
Unseren Spielplatz in uns entdecken, wo das Kind in uns spielt?

So ist es!

Unser Schubladenspiel ist vollendet.
Beginnt deines jetzt?

Der Rückblick

HANDLE

Ein letztes Spiel

»Überschüttet mit Widersprüchlichkeiten ist dieses Buch! Seid Ihr immer so verwirrt, Meister Herbert?«
Vom Chaos und von göttlicher Ordnung – von beiden Seiten gleichviel! – hat dieses Buch bekommen.
»Angenommen, von den großen Medien wird Euer Buch hochgelobt; wie würdet Ihr Euch verhalten?«
Staunen würde ich, weil ich nicht bemerkt habe, daß im Buch noch Lügen drinstecken.
»Leuchtender Meister, seid Ihr ganz erleuchtet?«
Frage die Erleuchtung – über mich hat sie sich schon häufig geärgert.
»Was soll der Quatsch? Erleuchtung steht doch über allem; sie ärgert sich sicher nicht mehr.«
Erleuchtung ruht überall und sie darf alles: Sie hopst in jeder Möse und zieht an jedem Schwanz.
»Reiner Erleuchteter, viel redet Ihr über den Sex. Habt Ihr dort nicht vielleicht ein verborgenes, aber explosives Problem?«
Bums!
»Großer Guru, Ihr verwirrt mich! Erzählt mir bitte etwas über die Gurus und ihre Anhänger.«
Gurus sind religiöse Lehrer. Ihre Aufgabe ist es, die suchenden Menschen auf die göttliche Bahn zu lenken. Sie offenbaren dir Weisheiten, wie du vollkommen wirst; damit du dich mit Gott wiedervereinigst. Sie weisen dir den Weg, den sie selbst gegangen sind. In der Meinung, daß auch du ihren Weg gehen solltest, um dorthin zu gelangen, wo sie sich heute befinden.
Kein Guru aber ist vollkommen. Jeder zeigt nur seine eigene Wirklichkeit. Wenn ein Guru mahnt: *Enthalte*

dich – dann hat er recht. Wenn ein Guru verführt: *Genieße die Welt* – dann hat er auch recht. Und wenn dir der Guru zuzwinkert: *Enthalte dich und genieße zugleich* – dann hat er wahrlich auch recht.
Ein kleines Problem haben sie alle gemein: Sie glauben selbst an das, was sie erzählen.
In einem großen Problem hängen sie alle mittendrin: Genau das Gegenteil von dem, was sie eigentlich wollten, erreichen sie durch ihre Lehren. Hätte Jesus beispielsweise vorhergesehen, wie das Christentum nach ihm verkümmern würde, hätte er wahrscheinlich geschwiegen oder etwas anderes gepredigt.
Anhänger von Gurus sind blinde Schafe. Jedesmal, wenn mir so ein lammfrommes Viech über den Weg strauchelt, tut mir sein Guru leid. Denn auch der beste Hirte ist nur so gut wie sein verlorenstes Schaf. Jeder Guru und seine Herde bilden in der Buntheit der Zweiheit eine notwendige Einfältigkeit.
Der suchende Mensch, der noch auf der Oberfläche herumkrabbelt und an den Lippen eines Gurus hängt, hat noch nicht gelernt, mit der nackten Wahrheit umzugehen. Das Reine, das aus der Mitte des Seins entspringt, verkraftet er nicht. *Klarheit schockiert!* Deshalb braucht er einen Guru, der ihn mit vielen kleinen Schritten an die Wahrheit heranführt.

»Warum erträgt der Suchende die volle Wahrheit nicht? Habt Ihr dafür ein Beispiel?«

Wenn du einem Katholiken, der sich von der Kirche zu befreien *beginnt,* sagst: Hundescheiße ist heiliger als der Papst, wird er entgeistert und entrüstet vor dir fliehen.
Vorerst mußt du ihn ganz behutsam aufklären. In etwa so: Die Kirche ist fast vollkommen – sie hat aber schon Fehler begangen – sie hat Macht – sie schwimmt im Geld – sie unterdrückt die Liebe – einmal hat sie einen Menschen, viele Menschen, Mil-

lionen von Menschen umgebracht. Die entsprechenden Beispiele mit möglichst vielen Zahlen nicht vergessen, sonst glaubt der Suchende nichts!
Und erst ganz am Schluß, sofern der Suchende in der Zwischenzeit nicht verstorben ist, darfst du ihn mit der vollen Wahrheit konfrontieren.
»Das begreife ich. Doch weshalb soll Scheiße heiliger sein als seine Heiligkeit in Rom?«
Wir alle, ob wir es zu schätzen wissen oder nicht, gehören zum Dreck dieser Welt. Keiner aber hat seine innere Scheiße so perfide verdrängt wie der Scheißer aus Rom. Dieser Arsch ist der schmierigste Lügner, wenn er behauptet, er sei unfehlbar. Im Vergleich dazu ist Scheißdreck ehrlich: Gleich auf Anhieb riechst du, was vor dir stinkt.
»Ist der Fehlbare dennoch ein Guru? Vielleicht für jene Menschen, die noch ganz am Anfang ihrer Entwicklung stehen?«
Ja.
»Aber Heiliger Herbert, seid nicht auch Ihr ein Guru?«
Ein Guru?
Nee danke!
»Wer seid Ihr denn?«
Der Anti-Guru.

»Hm, du bist ein Anti-Guru, warum?«
Schaffleisch mag ich zwar gerne, doch blökende Menschen sind mir zu wid(d)erlich.
»Hat der Anti-Guru auch einen Guru?«
Ja, mein Guru ist das Schlamassel aller Gurus.
»Spürst du nicht einen tiefen Zorn über die Bürger, wenn du sie zum Beispiel alle als Wichser titulierst?«
Sicher befinden sich die Bürger am Arsch des Universums, doch schon längstens habe ich ihnen verziehen.
»Und das soll ich glauben?«
Magst du eine Geschichte hören?

»Okay.«
> Ich bin vor nicht allzu langer Zeit in dieser Milchstraße aufgetaucht. Staunend und voller Wonne ließ ich es mir auch in dieser Ecke des Universums gut ergehen. Dabei wurde ich aber das komische Gefühl nie ganz los, daß in dieser Milchstraße irgendwo etwas ganz Makabres verborgen liegt. Dennoch ließ ich mich nicht beirren; ich schwänzelte umher und verbrachte eine phantastische Zeit. Als ich dann in unser Sonnensystem eindrang, ahnte ich wieder etwas Unheimliches. Doch um mich herum schien alles so anheimelnd:
> Mit Merkur führte ich detaillierte Gespräche über die Genauigkeit der Analyse. Süß träumten wir zusammen, Neptun und ich. Von Mars ließ ich mich unterweisen, wie das Feuer entfacht wird. Nachher bin ich, als ich bei Pluto vorbeischwamm, fast ersoffen. Schon wieder war er am Austesten seiner Atombomben. Dieses Arschloch! Hierauf klärte mich Uranus über die wäßrigen Weisheiten dieser Milchstraße auf. Doch plötzlich wurde die Milch um mich herum cremig und luftig. Jupiter jubelte mir zu: Das ist Schlagrahm. Genieße die Fülle und den Reichtum der Milchstraße. Über allem erstrahlte die Sonne. Tag und Nacht beschien sie mich von oben bis unten. *Bums!* Ja, das war jetzt die begierige Venus − ah − wilde Nächte verbrachten wir heißumschlungen miteinander. Eines Abends wollte sie, geil wie sie nun einmal ist, mich stinkfrech von hinten packen. Als ich, leicht verstört, sie nicht gleich an mich ranließ, beschwichtigte sie mich, daß sie es auf diese Art schon öfters getrieben habe. (Daß man dadurch schwul werden könnte, hatte sie mir natürlich nicht verraten.) Plötzlich kroch der knochendürre Saturn in unser fetziges Liebesnest und klapperte: Sei ein Asket, sei ein Asket, sei ein Asket! Rasch floh ich auf

den Mond, um erst einmal meine Gefühle zu bereinigen.
Ach, du liebe Scheiße; ich lande auf dem Mond; und was breitet sich vor meinen Augen aus?
Ganz nahe neben mir liegt eine mächtige Bestie darnieder. Mit ungeheuerlich viel Mist ist sie bedeckt und bis zum Mond stinkt sie. Ihr Gestank ist süßlich wie der einer Leiche. Leise faucht und stöhnt sie und jählings grinst sie mich an. *Oh Schreck,* dieser ausgespuckte Moloch ist noch nicht verreckt! Angeekelt wende ich mich zur Seite. Kaum zu fassen, was für ein Trauerspiel mir dargeboten wird. Wäre ich nicht vielleicht besser bei der Venus geblieben? Der Mond aber lächelt mich sanft an, mit versöhnlicher Stimme flüstert er mir zu: »Das ist die Erde – der Ort der Abtrünnigen.«
Oh verdammt! Jetzt erinnere ich mich. Eigentlich dürfte ich gar nicht überrascht sein. Ich habe es ja schon immer gewußt, daß WIR und GOTT und DU und ICH irgendwo Scheiße gebaut hatten, als WIR und GOTT und DU und ICH UNSER Universum erschufen. Damals hatten WIR und GOTT und DU und ICH UNS sogar das erste Mal gestritten. Jetzt entsinne ich mich genau, was damals passiert war: WIR und GOTT und DU und ICH waren gerade beschäftigt, die Einheit in der »Milchstraße der Mitte« zu besiegeln, als einer auf die verrückte Idee kam, UNSERE göttliche Einheit zu entzweien. Entsetzt hatten WIR und GOTT und DU und ICH ihn angeschaut, als dieser Satansbraten behauptete: In der Zweiheit könnten WIR und GOTT und DU und ICH einen fleischlichen Körper bekommen und dann wären WIR und GOTT und DU und ICH echte Menschen; und überhaupt, die Einheit wäre doch das Paradies der mystischen Spinner und auf die Dauer zu langweilig. »Kommt Gotteskinder, WIR und GOTT

und DU und ICH bauen jetzt einen richtigen Sündenfall«, sowas oder Ähnliches hatte er UNS zuletzt zugerufen und ward nicht mehr gesehen.

Hierauf hatten WIR und GOTT und DU und ICH UNS folgendermaßen geeinigt: Entzweihacken der Einheit, dies kam natürlich nie in Frage. Doch jeden, der meinte, die Einheit verlassen zu müssen, ließen WIR und GOTT und DU und ICH ziehen. Unter einer Bedingung: Ein winziges Stück der Einheit mußte er mitnehmen, denn er sollte sich in der Fremde immer daran erinnern, wo sein ursprüngliches Zuhause ruht. So glaubten WIR und GOTT und DU und ICH versichert zu sein, daß keiner verloren gehen würde. Ja, und dann sind fast alle abgezwitschert. Jeder von ihnen schnappte ein klein wenig der Einheit, wurde zur Seele, und weg war er – verschwunden in Raum und Zeit.
WIR und GOTT und ICH blieben im Paradies zurück, hüteten die Einheit, und ab und zu übten WIR und GOTT und ICH mit ihr »Das Einmaleins«. Ewigkeit um Ewigkeit verging, von den Abtrünnigen kehrte keiner je zurück.
Waren sie alle verlorengegangen?
Oder hatten sie einen noch schöneren Ort als UNSER Paradies entdeckt?
Das durfte ja wohl nicht wahr sein! Jetzt wollte ICH es wissen. Flugs deckte ICH MICH großzügig – MIR ganz angemessen – bei der Einheit ein, verzauberte MICH in eine Seele, und ab schwirrte ICH – in Raum und Zeit.
Nun sitze ich staunend auf dem Mond. Gucke runter auf die Erde, wo meine verbrüderten Schwestern und verschwesterten Brüder vom Paradies ihr erbärmliches Dasein fristen. Ver-zwei-felt sind sie in der Zwei-

heit! Grauenvoll, wie sie in ihrem Morast versacken. Soll ich da lachen oder weinen? Dort unten hält jeder seine Mistgabel hoch und heult: »Mir nach – hier ist der richtige Weg!«

Arme todesdüstere Menschheit, soll ich dir einen Besuch abstatten?

Nicht, um dich zu erretten. Einfach neugierig bin ich. Kaltblütig, wie ich nun einmal bin, habe ich mich mit heißer Lust in die kochende Kloake der wutentbrannten Menschheit gestürzt.

Je länger ich nun hier bin, desto mehr staune ich über das irdische Paradies. Wie könnte ich jetzt noch Groll empfinden? Zornig sind die wichsenden Bürger, doch selbst diese vergammelten Fotzen und verfaulten Drecksäcke befruchten meine Wonne.

»*Pfui, Herbert! Wie vulgär du bist!*«

Was?

Ich verstehe dich nicht.

Was bedeutet vulgär?

»*Ich meine, deine Sprache ist lasterhaft.*«

Oh, sag das nicht! Meine Sprache ist von Grund auf piekfein und rein. Nur wer seinen Lastern verhaftet ist, hört noch eine lasterhafte Sprache.

Erleichtere deine Last!

»*Du magst ja Recht haben. Aber du übertreibst oft. Insbesondere, wenn du den Papst oder die Schulmedizin aufs Korn nimmst!*«

Erblickst du ein Nashorn in weiter Ferne, wirst du entzückt ausrufen: »Was für ein niedliches Geschöpf!« Müßtest du aber mit ihm dein Schlafzimmer teilen, würdest du deine Ansicht radikal ändern. Klar, ein Nashorn ist nie so heimtückisch wie der Papst oder die Schulmediziner. Doch wenn es sich dir nähert, erkennst du die Gefahr sofort. Um wahrzunehmen, wie zerstörerisch das Nashorn ist, mußt du nur die räumliche Distanz zwischen ihm und dir auf-

lösen, indem du dieses unberechenbare Biest beispielsweise in deine Wohnung lockst.
Der Papst und die Schulmediziner sind nicht so leicht zu durchschauen. Aus weiter Ferne sehen beide recht anständig aus, und je näher sie dir kommen, desto gewinnender scheinen sie noch:
Das Spital ist blitzsauber, der Herr Doktor macht einen gescheiten Eindruck und die adrette Krankenschwester nickt dir aufmunternd zu. Du aber befindest dich jetzt in *höchster* Lebensgefahr! (Wieder so eine Übertreibung?)
Lungerst du in der Nähe des Papstes, kannst du dich an seinem prunkvollen Gewand ergötzen; und sollte die segnende Hand seiner Heiligkeit deine schmutzige Pfote drücken, wirst du dich auch noch vor ihm verbeugen. Du aber bist jetzt dem Häuptling der Wichser begegnet und vor Erregung pflotschnaß! (Wieder so eine Übetreibung?)
Schau, wie übertrieben die hochgestochenen Fassaden der Gesellschaft sind! Genauso übertreibe ich! Denn du sollst auch wirklich wissen, wieviel Anlauf du nehmen mußt, um ihre Mauern der Verlogenheit zu überspringen.

»Und das willst du mit diesem Buch zeigen?«
Fragtest du eine Rose, *warum* sie aus der Erde gesprossen ist, würde sie dir antworten: »Laß dich betören von meinem sinnlichen Duft, küsse meine Knospen, verschenke mich. Laß dich anstacheln von meinen Dornen, hacke mir den Kopf ab, zertrete mich. Schau, ich bin einfach hier und blühe mir zuliebe. Fragen habe ich keine. Ich bin die Antwort des Lebens. Finde deine Antwort!«
Aus einem Rosengarten ist dieses Buch entsprungen.
»Nach deinen Vorträgen hältst du keine öffentliche Diskussion ab!
Hast du Angst vor einer solchen Auseinandersetzung?«

Wer es erfaßt hat, schweigt. Wer es nicht hat fassen können, soll nicht schöngeistig fragen. Besser er befaßt sich mit seinem profanen Alltag – nur dort liegt die einzige wahre Antwort!
Fragen zu stellen ist immer ein Versuch, um im Moment nicht handeln zu müssen.
»Aber jetzt beantwortest du ja auch Fragen.«
Damit du schweigst – beim nächsten Mal.
»Was würdest du mir raten, wenn ich trotzdem noch eine Frage stellen wollte?«
Nie mehr eine Frage zu stellen.
»Hm«.
(Pause)
»Was ist dein Lieblingsgetränk?«
(Er frägelt immer noch.)
Schafsmilch.
»Was ist dein Lieblingsgericht?«
Eine echt biologische Schweinsbratwurst mit ökologischen Pommes frites.
»He, du willst mich verarschen!«
So ist es.
»Heller Herbert, du läßt klugscheißerische Antworten vom Stapel. Was soll bloß der Leser von dir halten?«
Leute, die Bücher lesen, sind soo doof!
»Wie bitte?«
Meine Bücher kannst du meinetwegen verschlingen, damit ich auch morgen etwas zu schlucken habe. Sollte dabei – wider alle Erwartungen – ein staunendes Lächeln über deine Lippen huschen, dann finde ich dich einfach super. Hurra! Ein Abtrünniger, der heimkehrt!
»Na hör mal, du kannst dich doch nicht über deine Leserschaft lustig machen!«
Der Anti-Guru darf alles.
»Deine Überlegenheit finde ich einfach zum Kotzen!«
Kotze!

Einige Zeit danach: »*Gekotzt habe ich, und es hat mir gut getan. Was soll ich als nächstes ausführen?*«
Töte alle Wahrheiten in dir!

Etwas später: »*Du, ich fühle mich wie neugeboren. Meine alten Wahrheiten habe ich allesamt zusammengeschossen und mich aufgemacht für deine Wahrheiten.*«
Auch meine Wahrheiten mußt du töten.
»*Wieso?*«
Weil du mich töten mußt.
»*Nee! Das darf nicht sein! Warum sollte ich ausgerechnet dich töten?*«
Du mußt alles, auch das Letzte töten, sonst wirst du nie springen können.
»*Wohin springen? – Du meinst wohl in den Ursprung hinein?*«
Du sagst es.
»*Wenn dem so ist, werde ich dich gleich jetzt töten: Anti-Guru, lebe wohl! Ich spr....*«
Ich bin *nicht* der Anti-Guru!
»*Was? Du hast mir aber gesagt, du bist der Anti-Guru! Wie soll ich dich töten, wenn ich nicht einmal weiß, wer du bist?*«
Schau doch, das ist alles ein Spiel.
Weder bin ich Guru noch Anti-Guru.
Aus dem Nichts komme ich – staune hier über alles
– und kehre heim ins Nichts.
»*Das Nichts, wo finde ich es?*«
Im Ursprung, den du einst verlassen hast.
»*Nun gut, ich töte dich und unser letztes Spiel.*«
Peng!
»*Ich springe.*«
Bums!
»*Ich staune.*«

Das Schlußwort

SCHAU DICH JETZT AN – AUF DER SEITE 6

oh ja!

Ein erotischer Roman

von Herbert Moser

Pressestimmen:
„Herbert Moser, der Henry Miller der achtziger Jahre?"
„‚oh ja!' ist ein erotischer Roman ohnegleichen."
„Es ist eine Strafe, dieses Buch zu lesen."
„Verrückter und heißer geht's nicht mehr."
„Eine Beleidigung für jeden Leser!"
„Ein brisantes Kultbuch..."
„Reichlich weiblich!"
„Unbedingt lesen!"

Und nun hast Du Leser das letzte Wort:

H. Moser Verlag · Zürich · Berlin

Herbert Moser

DER ROSENGARTEN

Ein heiterer Wegweiser voller Weisheiten

H. Moser Verlag · Zürich · Berlin